Magister ludens

UNC | COLLEGE OF ARTS AND SCIENCES
Germanic and Slavic Languages and Literatures

From 1949 to 2004, UNC Press and the UNC Department of Germanic & Slavic Languages and Literatures published the UNC Studies in the Germanic Languages and Literatures series. Monographs, anthologies, and critical editions in the series covered an array of topics including medieval and modern literature, theater, linguistics, philology, onomastics, and the history of ideas. Through the generous support of the National Endowment for the Humanities and the Andrew W. Mellon Foundation, books in the series have been reissued in new paperback and open access digital editions. For a complete list of books visit www.uncpress.org.

Magister ludens
Der Erzähler in Heinrich Wittenweilers *Ring*

CHRISTA WOLF CROSS

UNC Studies in the Germanic Languages and Literatures
Number 102

Copyright © 1984

This work is licensed under a Creative Commons CC BY-NC-ND license. To view a copy of the license, visit http://creativecommons.org/licenses.

Suggested citation: Cross, Christa Wolf. *Magister ludens: Der Erzähler in Heinrich Wittenweilers Ring.* Chapel Hill: University of North Carolina Press, 1984. DOI: https://doi.org/ 10.5149/9781469656595_Cross

Library of Congress Cataloging-in-Publication Data
Names: Cross, Christa Wolf.
Title: Magister Ludens : Der Erzähler in Heinrich Wittenweilers Ring / by Christa Wolf Cross.
Other titles: University of North Carolina Studies in the Germanic Languages and Literatures ; no. 102.
Description: Chapel Hill : University of North Carolina Press, [1984] Series: University of North Carolina Studies in the Germanic Languages and Literatures. | Includes bibliographical references and index.
Identifiers: LCCN 83016926 | ISBN 978-1-4696-5658-8 (pbk: alk. paper) | ISBN 978-1-4696-5659-5 (ebook)
Subjects: Wittenweiler, Heinrich, active 15th century. | Ring. | Narration (Rhetoric) — History — To 1500.
Classification: lcc PT1679.W86 R628 1984 | dcc 831/ .3

Für Catherine und Anna

Inhalt

Einleitung	3
Kapitel I: Der Prolog (v. 1-54)	5
Kapitel II: Erster Teil (v. 55-2622)	17
Beginn der *narratio*	17
Das Stechen	20
Die Beichtepisode	27
Das Turnier	30
Fortsetzung des Minnedienstes	34
Kapitel III: Zweiter Teil (v. 2623-6457)	40
Die Ehedebatte	40
Belehrungen vor Bertschis Hochzeit	48
Die Eheschließung	54
Hochzeitsmahl und Tanz	57
Kapitel IV: Dritter Teil (v. 6458-Ende)	63
Raufereien nach dem Hochzeitstanz, Ratsversammlungen, Hochzeitsnacht, Städtekongreß	63
Verlauf und Ausgang der Schlacht	70
Bertschis Belagerung und Rettung	77
Schluß	84
Anmerkungen	87
Literaturverzeichnis	104
Personenregister	111

Für zahlreiche Anregungen und fördernde Kritik während der Entstehung früherer Versionen des folgenden Textes danke ich Professor Franz H. Bäuml, für freundlichen Rat und stete Unterstützung vor und während der Drucklegung des Buches möchte ich Professor Richard H. Lawson danken. Dr. Iselind Hanewald, Professor Rosmarie Morewedge und Professor Frank Tobin bin ich für wertvolle Kommentare und Hinweise dankbar. Ebenso danke ich meiner Mutter Elisabeth Hörter, meinem Bruder Wolfgang Wolf und besonders meinem Mann Richard Cross für direkte und indirekte Hilfe in der Zeit meiner Beschäftigung mit Wittenweilers *Ring*.

Christa Wolf Cross
Pacific Palisades, im Juni 1983

Magister ludens:
**Der Erzähler in Heinrich Wittenweilers *Ring*

Einleitung

Der *Ring*, das spätmittelalterliche alemannisch-bairische Epos, dessen Autor sich im Text als Hainreich Wittenweilär (v. 52) vorstellt, kann schon seit einiger Zeit nicht mehr als "ein Stiefkind der Wissenschaft" gelten.[1] Besonders in den letzten zwei Jahrzehnten mehren sich umfangreiche Studien.[2] Dennoch bleiben zu Werk und Autor viele Fragen offen. Daß bei der Interpretation des Epos eine nicht geringe Zahl von Problemen ungelöst bleibt, daß dabei noch immer recht häufig Meinung und Gegenmeinung aufeinanderstoßen, mag nicht zuletzt auf die komplizierte Erzählerrolle zurückzuführen sein, die der Autor seinen Lesern gegenüber einnimmt.

Die in der *Ring*forschung wiederholt diskutierte Frage zur Biographie des Autors wird inzwischen fast ohne Ausnahme zugunsten des Advokaten Heinrich von Wittenwil, der den Magistertitel führte und am Hof des Konstanzer Bischofs wirkte, entschieden.[3] Die urkundlichen Zeugnisse über den Advokaten weisen auf das Ende des 14. Jahrhunderts. Wo und wann er geboren wurde, ist nicht bekannt. Auch wann er den *Ring* geschrieben hat, ist nicht genau zu bestimmen. Es läßt sich nur festlegen, daß das Epos nach 1360 fertiggestellt worden ist; einen beweisbaren *terminus ante* hat man noch nicht finden können.[4]

Zu diesem Meister Heinrich von Wittenwil vermutet neuerdings Jörg Bismark aufgrund eines Belegs in der Nekrologien-Edition der Monumenta Germaniae Historica, daß er das Amt eines Hofmeisters innehatte. Nach Bismarks Darstellung konnte ein Hofmeister, ein *magister curiae*, im späten Mittelalter verschiedene Aufgaben, darunter auch die eines Beraters und manchmal die eines Lehrmeisters, erfüllen.[5] Daß Wittenweiler mit dem *Ring* didaktische Absichten verfolgt, teilt er dem Leser im Prolog mit. Welche Lehrmethoden angewandt werden, erkennt man, wenn man den Text in bezug auf das Verhältnis zwischen Erzähler und Leser untersucht.

Der hier zugrunde gelegte Begriff des Erzählers geht auf bekannte Definitionen zurück: "Der Erzähler ist immer eine gedichtete, eine fiktive Gestalt" oder: "In der Rolle des auktorialen Erzählers fiktiviert und dramatisiert der Autor seine Erzählfunktion."[6] Von den Kennzeichen, die in einem Epos besonders auffällig auf die Gegenwart des Erzählers weisen, sollen hier vor allem die folgenden untersucht werden: dem Erzähler zugehörende Ausrufe, Anreden an die Leser-

4 Der Erzähler in Wittenweilers "Ring"

schaft, urteilende Adjektive, Vergleiche, Zwischenreden und direkte Kommentare zur Handlung oder den dargestellten Personen. Außerdem soll besonders hervorgekehrt werden, wie dieser Erzähler häufig indirekt auf sich aufmerksam macht: etwa durch Ironie und Parodie, durch Bemerkungen der handelnden Personen oder etwa auch durch die Anordnung des dargestellten Geschehens.[7]

Einen ungewöhnlichen Kommentar zu seiner Erzählung liefert Wittenweiler mit den im Prolog angekündigten roten und grünen Initialenlinien. Nach den einführenden Anweisungen, denen man allerdings, wie sich später herausstellen wird, kritisch gegenüberstehen muß, soll eine rot markierte Stelle als Lehre anzusehen sein, als "ernstleich sach," eine grün markierte dagegen als "schimpfes sag" (v. 34); die Initialenmarkierung macht somit als fortlaufender Kommentar und anscheinende Lesehilfe die Anwesenheit des Erzählers in diesem Epos durchgehend augenfällig.

Bei der Erörterung der verschiedenen Hinweise auf die Erzählergegenwart wird die vorliegende Untersuchung dem Verlauf des *Ring*textes folgen. Man wird so erkennen, wie sich das Verhältnis zwischen Erzähler und Leser, zwischen dem Lehrenden und dem intendierten Lernenden, entwickelt.[8]

Im Prolog stellt sich der Erzähler als ein zuverlässiger, ernster Mentor vor, dessen rhetorische Gewandtheit durchaus von seiner akademischen Ausbildung zum Magister zeugen mag, dessen didaktisches Geschick mit belehrenden oder beratenden Aufgaben eines *magister curiae* zu vereinbaren wäre.[9] Der Leser erfährt jedoch bald, daß er sich auf diesen ersten Eindruck nicht verlassen kann, daß der Erzähler keineswegs immer zuverlässig ist, sondern durch Vortäuschungen, ironisches oder parodistisches Sprechen, nicht immer eindeutige Initialenmarkierung oder andere zunächst unerwartete Methoden sein Spiel treibt. Dabei erweist sich gerade dieses Spiel des Lehrmeisters als ein wichtiges Element im didaktischen Prozeß.

Kapitel I
Der Prolog (v. 1-54)

Wenn die "Ursituation des Erzählens" die drei Momente Erzählstoff, Publikum und Erzähler enthält,[1] sind es gerade diese Faktoren, zwischen denen ein Autor im Prolog zu seinem Werk ein Bezugssystem errichtet. Der epischen Tradition gemäß wird dort ein solches Abhängigkeitsverhältnis unmittelbar erörtert: der Autor wendet sich seinem Publikum zu, wobei er nicht durch, sondern über sein Werk spricht. Mit dieser direkten Hinwendung an Leser oder Zuhörer tritt er zum erstenmal in der fiktiven Gestalt des Erzählers auf und offenbart nun seine Haltung dem Werk wie auch dem Publikum gegenüber. Je mehr der Erzähler im Verlauf des Prologs seine Rolle entfaltet, je eindeutigere Beziehungen zwischen ihm und dem Publikum erwachsen, desto offenkundiger zeigt sich, welche Ansprüche an Stand, Intelligenz oder Verhaltensweise seiner Leser oder Hörer er erhebt, welche Rolle er ihnen also für die Dauer des Erzählvorgangs zuschreibt. Die Gegenwart des Erzählers ist in kaum einem anderen Teil des Gesamtwerks so unmittelbar zu fassen wie im Prolog.[2]

Autoren des Mittelalters verfügten bekanntlich bei der Komposition eines Exordiums über eine Vielzahl traditioneller Mittel aus der antiken und ebenso der zeitgenössischen Rhetorik und Poetik. Wie eine Untersuchung der Texte zeigt, kennzeichnet den mittelalterlichen Prolog im allgemeinen funktionelle und strukturelle Zweigliedrigkeit; im ersten Teil stellt der Erzähler sich selbst seinen Lesern vor, im zweiten bietet er ihnen sein Werk zur Lektüre an. Terminologisch mag man die beiden Teile entweder nach der Poetik des Johannes von Garlandia als *prooemium* und *prologus* oder nach Conrads von Hirsau *Dialogus super auctores* als *prologus praeter rem* und *ante rem* unterscheiden.[3] Aus einer mannigfaltig ausgebildeten Exordialtopik konnte ein Autor diejenigen Schemata herausgreifen, die er bei der Gestaltung der spezifischen Doppelfunktion seines Prologs benötigte.

Daß der Prolog zum *Ring* im Aufbau einzelnen Forderungen der rhetorischen Handbücher entspricht, weist bereits Winfried Schlaffke nach.[4] Er zeigt, wie Wittenweiler die bekannte Forderung der antiken Rhetorik, den Hörer in der Vorrede "benevolum, attentum, docilem" zu stimmen, geschickt und zuweilen streng systematisch verfahrend erfüllt. Rhetorische Mittel und Konventionen heben auch Jürgen Belitz und Jürgen Babendreier in ihren Besprechungen des *Rind*prologs hervor.[5]

Der Erzähler des *Ring* beginnt mit einer Widmung an die Dreifaltigkeit, Maria und die himmlischen Heerscharen, reiht unmittelbar daran eine generelle Aussage über den irdischen Zweck des Werkes— den Guten soll es zur Freude, den Bösen zur Herzenspein gereichen— und spricht nach diesem kurz umschweifenden Blick auf Himmel und Erde sein Publikum zum ersten Mal als kollektive anonyme Hörergemeinschaft an. Dieser direkten Anrede folgt die Titelangabe und eine allegorische Ausdeutung des Titels.

Die fromme Widmung gehört zur Tradition.[6] Selbst mit dem Wortlaut übernimmt Wittenweiler eine verbreitete literarische Formel. Daß allerdings die Widmung im *Ring* recht kurz ausfällt und außerdem die sonst anschließende Bitte um Hilfe nicht enthält,[7] zeigt ein Vergleich mit entsprechenden Stellen anderer Werke. Als Beispiele greife man etwa die Prologe zu Wolframs *Willehalm*, Konrads *Schachzabelbuch* oder Boners *Edelstein* heraus und betrachte besonders die von Wießner zitierte Vergleichsstelle von Eberhart Windecke.[8]

Gerade durch die Bitte um göttlichen Beistand hatten Autoren des Mittelalters die Form des Prologs—ursprünglich ein Bestandteil der Gerichtsrede—vergrößert und sahen darin einen bedeutsamen Unterschied zwischen der Technik des Rhetors und der des Dichters.[9] Eine weitere Ergänzung weist der literarische mittelalterliche Prolog gegenüber dem rhetorischen auf. Sie besteht in dem Ausbau des *prooemium*, des traditionsmäßig zum eigentlichen Stoff hinleitenden, aber noch nicht direkt davon handelnden Prologteils, durch Anführung und eventuell Erörterung einer *sententia* oder eines *exemplum*. Im *Ring* ist das *prooemium* kaum ausgebaut; es umfaßt nur die ersten sieben Zeilen des Prologs.[10] Dagegen erstreckt es sich etwa im Parzivalprolog auf 87 Verse, im Tristanprolog auf 120 und im langatmigen Prolog zum *Schachzabelbuch*, das dem *Ring* zeitlich und örtlich nahesteht, sogar auf 580 Verse.

Wenn nun Wittenweiler diese Neuerungen der Dichter kaum beachtet, dagegen aber die allgemein rhetorischen Mittel sehr häufig im Prolog verwendet, muß man dazu bemerken, daß er sich selbst im Gegensatz zu zahlreichen Vorgängern und Zeitgenossen nicht als Dichter bezeichnet, vielmehr seine Erzählertätigkeit als einfaches Sprechen oder Sagen (z.B. v. 52 und v. 69) ansieht, das Werk schlicht *puoch* (8) oder später *püechel* (3484) nennt und den Erzählgehalt unter der Bezeichnung *taiding* (54) vorstellt. Bei einem Advokaten-Autor kann es nicht allzu sehr überraschen, ihn in seiner Rolle als Erzähler in größerer Nähe zum Redner als zum Dichter zu finden. Dabei mag das

Wort *taiding*, für das die Wörterbücher die allgemeine Bedeutung von "Rede," dazu aber auch die an der Nebenform *tagedinc* besser erkenntliche ursprüngliche Bedeutung "Gerichtstag" oder "Gerichtsverhandlung" liefern, mit einem wiewohl leichten Nachklang des juristischen Wortsinnes auf den Gerichtsredner hinweisen.[11]

Die anschließende Zweckbestimmung, das Werk sei

> Den guoten zlieb, ze fröden schein,
> Den bösen zlaid, ze hertzen pein (5 f.)

zu hören, folgt dem traditionellen Schema der Publikumsauswahl und steht in ihrer spezifischen Aussage wie auch ihrem parallelen syntaktischen Aufbau entsprechenden Wendungen in anderen mittelalterlichen Werken nahe.[12] Wittenweilers nur formelhaft kurze Ausführung des Schemas mag einem literarisch gebildeten Publikum seiner Zeit genügt haben; dem modernen Leser ist der Grund für Leid und Herzenspein der Bösen nicht von vornherein einleuchtend. Ein gesprächigerer Erzähler liefert ihm im Prolog zum *Schachzabelbuch* eine wortreiche Erklärung, wenn er von seinem *büechelîn* (234) sagt:

> ich hoffe, das es müge vromen
> den guoten ze guote
> die mit guotem muote
> es hôrent, als in wol gezimt.
> swer aber untugenthafter es vernimt,
> der spricht vil lîht: Was sol es vromen?
> es mag ze keinem guote komen,
> der üns vil sagen wil
> von disem schachzabelspil,
> und wil niht merken darzuo
> kein guot ding, das er rehte tuo.
> semlicher leider ist genuog,
> die weder tugende noch vuog
> gern hôrent singen noch sagen:
> das muos ich hût und iemer klagen,
> wan swas man vor dien geseit,
> wår es die rehte wârheit,
> die got ûs sînem munde sprach,
> es wåre in swåre und ungemach. (238 ff.)[13]

Mit der Unterscheidung zwischen den Guten und den Bösen wählt Wittenweiler unter den Angesprochenen nur insofern aus, als alle, die mit Vergnügen weiterlesen, sich zu den Guten, zu dem von ihm begünstigten Publikum rechnen dürfen. Es handelt sich also um ein

Auswahlverfahren auf breiter Basis, nicht wie bei zahlreichen anderen Autoren der Zeit um eine genau ausgesprochene Bevorzugung etwa der höfischen Menschen, der Elite der Kunstverständigen, der kleinen Gruppe von Freunden oder des Gönners, des Auftraggebers, der Herrin. Indem der Erzähler hier zu Beginn des Prologs die Bösen gleichsam von sich weist,[14] komplimentiert er sein zukünftiges Publikum—ein nicht eben schwer durchschaubarer rhetorischer Kunstgriff, sich Sympathie zuzusichern, eine *captatio benevolentiae*.

Der ersten direkten Hinwendung zum Publikum läßt Wittenweiler die Angabe des Titels folgen:

Ein puoch, daz ist "DER RING" genant
(Mit einem edeln stain bechlait),
Wan es ze ring umb uns beschait
Der welte lauff und lert auch wol,
Was man tuon und lassen schol. (8 ff.)

Mit dem allegorischen Titel mag Wittenweiler, wie Wießner erklärt, auf die verschiedenen Bedeutungen des lateinischen *orbis* zurückgreifen, das sich einmal auf "der welte lauff . . . ze ring umb" beziehe, ebenso als *orbis doctrinae* den umfassenden Lehrcharakter des Buches mit einschließe und außerdem in seiner Bedeutung als *anulus* einen Fingerring meinen könne, auf den das Bild des Ringes in der Initiale verweise. An dieser Interpretation kritisiert Ulrich Gaier, daß sie den Ring-Charakter auf den Weltlauf und gleichzeitig auch auf die Lehren bezieht und damit der Darstellung der beiden Bereiche in gleichem Maß Vollständigkeit zuspricht. Er weist darauf hin, daß die Totalität der angeführten Lehren verschiedene Male ausdrücklich von den Sprechern verneint werde und kommt auf dieser Grundlage dazu, den enzyklopädischen Charakter der Lehre und damit auch das von Wießner angenommene Verhältnis zwischen Weltlauf und Lehre in Frage zu stellen.[15]

Das im *Ring* dargestellte Geschehen faßt Gaier nicht als ein realistisches Bild des Weltlaufs auf, sondern vielmehr als "eine Maske, die Wittenwiler dem Weltlauf überstülpt"; er versteht die Worte "der welte lauff" wie auch den darauf bezogenen Ring-Charakter oder Vollständigkeitsanspruch als Metapher. An anderer Stelle formuliert er die These, deren Beweis den vornehmlichen Zweck seiner Abhandlung darstellt, daß das Verhältnis zwischen Weltgeschehen und Lehre im *Ring* "das einer engen Wechselbezogenheit und Wechselwirkung ist."[16] Es klingt widersprüchlich, wenn Gaier trotz dieses nahen Bezuges einerseits den Weltlauf metaphorisch auffaßt, anderseits ein wörtliches Verständnis der Lehre, der dann der Vollständigkeitscharakter fehlt, für richtig hält. Nimmt man dagegen für beide Bereiche an, daß hier vom Erzähler eine für das Ganze beispielhafte Auswahl getroffen wurde, so besitzen Weltlauf und Lehre den gleichen Grad einer sinnbildlichen Vollständigkeit.

Bei seiner Ausdeutung der Verse 8-12 beweist Gaier, daß es nicht nötig ist, neben dem Wortlaut des Textes das Lateinische zu Hilfe zu nehmen, um eine sowohl Weltlauf als auch Lehre umfassende Bedeutung des Titels zu erkennen. Läßt man nämlich, der Meininger Handschrift folgend, die von Wießner um v. 9 gesetzte Klammer weg, so erkennt man folgenden Parallelismus: der Ring in v. 8 bezeichnet den Weltlauf in v. 10f., der in den Ring gefaßte Edelstein in v. 9 bezeichnet die Lehre in v. 11f.[17] Der Stein, so zeigt Gaier hier auf, sei nicht als bloßer Schmuck des Ringes aufzufassen. Mit seiner magischen Wirkung, an die das Mittelalter glaubt, gebe er dem Ring vielmehr erst Sinn und möglichen Nutzen—ähnlich wie auch der *edelstein* in Boners Fabelbuch *kraft* und möglichen *nutz* in sich trage.

Diese Interpretation ist textnäher als die Wießners. Jedoch ist es durchaus sinnvoll, den Hinweis auf die lateinische Doppelbedeutung als weiteren Bezug bei der Titelinterpretation mitzufassen, wenn dieser auch nur einem im Lateinischen bewanderten Publikum erkenntlich ist.

Mehrere Gehalte dürften bei der Bedeutung des Titels ineinanderspielen. Als *anulus* mag der Titel auf die Mittelpunktshandlung des Epos hinweisen, die Eheschließung Bertschis und Mätzlis, zu deren Rituell die Übergabe eines Ringes gehört (vgl. v. 5278). Daß überdies ein Ring, besonders ein Siegelring, im Mittelalter ein Amtskennzeichen war, ist zu bedenken. Um einen Siegelring mag es sich, wie Elmar Mittler darlegt, bei der Abbildung des Ringes in der Eingangsinitiale der Handschrift handeln, da auch die Kleidung der Person in der Initiale vermutlich eine Amtstracht sei. Diese Nebenbedeutung des Titels könnte dann auf den Autor, den Rechtsbeamten Wittenweiler, hinweisen, dessen Familienwappen unter der Initiale abgebildet ist.[18]

In diesem Zusammenhang ist zu beachten, daß die Wörterbücher für das Titelwort neben dem abstrakten Sinn *orbis* auch die Bedeutung "Gerichtsversammlung" und "Gericht" mit Belegstellen aufführen. Wenn nun im Prolog erklärt wird, daß das Buch den Weltlauf "ze ring umb uns beschait," so könnte die juristische Bedeutung sowohl von *ring* wie auch von *beschait* ein Bild hervorrufen,[19] in dem man Publikum und Erzähler—beide bilden an dieser Stelle ausdrücklich eine Gemeinschaft—"in dem ring zu gerichte sitzen" sieht. Die Bezeichnung der *narratio* als *taiding* verstärkt diese Andeutung. Für das gesamte Werk ließe sich vermuten, daß innerhalb dieser Sicht das "puoch, daz ist 'DER RING' genant," als *rinc-buoch*, als *liber judicii* oder *protocollum* fungiert.[20] Wenn man allgemein sagen kann: "Der Ring antiker Tradition, die Form ohne Anfang und Ende, birgt alle Belange des mittelalterlichen Menschen,"[21] so ist anzunehmen, daß der Titel Wittenweilers zeitgenössischem Publikum bedeutungsträchtiger war als dem heutigen. Man sah darin ein Symbol für Vollständigkeit, Vollkommenheit, die Gesamtheit des Weltraums wie auch die Gesamtheit der Zeit.

Auf die konkrete Bedeutung des Ringes als Fingerring spielt der Erzähler unmittelbar nach der Titelangabe noch einmal an, indem er den überragenden Wert seines Werkes betont: dieses *vingerli* (13) werde alle anderen übertreffen, unter der Bedingung, daß man es "in rechter huot" (14) halte. Dem Publikum wird somit die Verantwortung für das rechte Verständnis der Dichtung übertragen. Worin dieses jedoch besteht, ist nicht näher erläutert.[22]

In den folgenden Versen werden die Gegenstände der *narratio* nach einer systematischen Gliederung aufgezählt. Zunächst das ganze Werk überblickend, nennt der Erzähler die drei zu besprechenden Teile, widmet dann jedem davon vier Zeilen, in denen er den Inhalt jeweils kurz abreißt, und faßt in drei abschließenden Zeilen noch einmal den Gesamtgehalt zusammen. Diese Art vorangestellter Inhaltsübersicht ist ein traditionelles Mittel, die *docilitas* des Publikums zu gewinnen. Daß der Erzähler hier in Kürze, klarer Übersichtlichkeit und sogar in der Zahlenangabe der Teile den herkömmlichen Anweisungen folgt, beweist ein Blick auf die rhetorischen Lehrbücher.[23] Deutlich ist der Inhalt des Buches in dieser Aufzählung anhand des Lehrgehalts gegliedert. Nur der didaktische Zweck der drei Teile wird erwähnt, die Handlung, "der welte lauff," tritt dahinter zurück:

Daz erste lert hofieren (17)

Daz ander kan uns sagen wol,
Wie ein man sich halten schol (21f.)

Daz dritte tail dir chündet gar,
Wie man allerpest gevar. (25f.)

Das Werk soll somit als ein in erster Linie didaktisches Unternehmen gelten. Besonders wichtig ist dabei die Unterweisung: "Wie ein man sich halten schol / An sel und leib und gen der welt" (22f.), die Lehre des zweiten Teils, eigens hervorgehoben durch den Vers: "Daz hab dir für daz best gezelt" (24). Diese Aufforderung kann dem Leser oder Hörer kaum entgehen, da er hier zum erstenmal von der anonymen Publikumsschar abgesondert und als Individuum angesprochen wird.

Den Zweck des Werkes sieht der Erzähler in *hübschichait, mannes zucht, tugend* und *frümchät* (30f.); darin liegt *des ringes frucht* (29). Während die vorangestellte Inhaltsgabe die Lehren in den Vordergrund rückte, bezieht sich diese Angabe des *fructus finalis*—so wie vorher die Wertschätzung des *vingerli*—auf den *Ring* als Gesamtheit von Lehre und Weltlauf. Man wird daher den Nutzen des Epos nicht nur in den als Lehre markierten Passagen suchen, obwohl die folgenden Verse des Prologs der Handlung eine sehr untergeordnete Funktion zuschreiben.

Das Geschehen neben der Lehre, das *gpauren gschrai* (36) oder *törpelleben* (41), im Prolog nicht weiter aufgegliedert, soll dem Abwechslungsbedürfnis des Menschen genügen, soll die lehrhafte *ernstleich sach* (34) durch *schimpfes sag* (34) erträglicher machen. Somit ist die altbekannte Bestimmung *aut prodesse aut delectare* erfüllt.

Mit der Verkündung eines mannigfaltigen, quasi weltumfassenden Inhalts spricht der Erzähler einen weiten Publikumskreis an. Wittenweiler scheint durch sein breit angelegtes Werk die Geschmacksunterschiede zwischen den einzelnen Publikumsschichten zu überwinden, deren er sich wie Zeitgenossen und Vorgänger sicher bewußt war.[24] Er verspricht, gleichsam aus allen Bereichen des menschlichen Daseins etwas zu bieten: vom höfischen Leben wird der erste Teil berichten, von der Seele und somit Gott, von der Gesundheit und dem praktischen täglichen Leben der zweite, von Kriegszeiten der dritte, wobei jeweils die heitere Bauernhandlung mit der Lehre abwechseln soll.

Damit das Publikum genau wisse, ob eine Stelle als Scherz oder als Ernst aufzufassen ist, sollen die beiden Schichten des Werks sichtbar voneinander getrennt werden:

Geschaiden doch mit varwen zwain:
Die rot die ist dem ernst gemain,
Die grüen ertzaigt uns törpelleben. (39ff.)

In der Tat setzt in der Meininger Handschrift diese Markierung nach dem Prolog ein: die Anfangsbuchstaben der Verse durchzieht entweder eine rote oder eine grüne Farbenlinie. Wie der Prolog bleibt auch der nur vierzeilige Epilog ohne Farbenkennzeichnung. Daneben gibt es einige weitere Zeilen ohne Farbenlinie, bei denen bereits Wießner ein Versehen des Miniators annimmt.[25]

Man kann den Einfall Wittenweilers, seinem Publikum auf diese Weise mitzuteilen, ob ein gegebener Vers als scherzhaft oder ernsthaft intendiert sei, und ihm so für das gesamte Epos einen laufenden Erzählerkommentar zu liefern, auf keinen Vorgänger zurückführen. Zwar gibt es bekanntlich Handschriften, in denen zwei Farben der Initialen miteinander abwechseln, jedoch besteht dort keinerlei Beziehung zwischen Farbmarkierung und Inhalt der jeweiligen Verse. Eine dem *Ring* entfernt ähnliche farbliche Unterscheidung von gegensätzlichen Inhaltsschichten findet man in einer der Handschriften, in denen das deutsche Spruchgedicht von Salomon und Marcolfus aufgezeichnet ist; die frommen Weisheitssprüche des Königs Salomon sind mit roter Tinte geschrieben, Markolfs realistisch-bittere Antworten hingegen mit schwarzer.[26] Da jedoch die gedanklichen Schichten des Gedichts von vornherein durch die beiden Sprecher geschieden sind, bleibt dem Verfasser keinerlei Spielraum, die Farben als kommentierendes Mittel zu benutzen, wenn eine bestimmte Textstelle den einen oder den anderen Anstrich erhalten soll.

In der Farbensymbolik des Mittelalters bedeutet Rot Ernst; die grüne Farbe ist symbolisch für die Freude, ist außerdem in der Farbensymbolik oft Geistern, Hexen und dem Teufel zugeordnet.[27] Durch die Wahl der grünen Farbe mag bereits eine Vorausdeutung auf die Auftritte von Hexen und unheimlichen Wesen im dritten Teil des Werks gegeben sein.

Zahlreiche Epen des Hoch- und Spätmittelalters weisen in ihrem Wortlaut auf die gesellschaftliche Vortragssituation hin: sie wurden bekanntlich von einem Rezitator vorgetragen, sind also für den Leser wie auch für die große Menge der Zuhörenden konzipiert. Bei seiner ersten Anrede an das Publikum wendet sich auch der Erzähler des *Ring*—zumindest dem wörtlichen Sinn des Verses nach—an eine Hörerschaft:

Der obresten trivaltichait,
....
Ze lob, ze dienst und auch ze er,
....
Schült es hörren so zehant. (1ff.)

Der Erzähler mag zwar zunächst die Hörer ansprechen und damit seinen Publikumskreis beliebig weit fassen, mit der farblichen Unterscheidung zwischen Scherz und Ernst wendet er sich aber vom Hörer ab; ihm bleibt dieser besondere Kommentar vorenthalten.[28] Die Lesefähigen—in Wittenweilers Zeit der Adel und das Bürgertum—stellen somit das eigentliche Publikum dar. Die überwiegende Zahl von Lesern wie Hörern der mittelalterlichen Dichtung, vor allem der höfischen Epik, in geringerer Anzahl auch der Didaktik, gehört dem

Adel an. Als Publikum der Lehrdichtung kann ebenso das Bürgertum nachgewiesen werden.[29] Die Angehörigen des Bauernstandes hingegen konnten nicht lesen. Sie sind ohnehin selbst als zuhörendes Publikum für Dichtungen des Mittelalters nicht aufweisbar.[30] Zu bedenken bleibt hier allerdings, daß im späten Mittelalter die Grenzen zwischen den einzelnen Ständen häufig nicht mehr so genau gezogen werden konnten.[31]

Der gpauren gschrai soll dem Leser des *Ring* Amüsement bieten. Dies könnte der gesellschaftlichen Ausgangssituation der herkömmlichen Bauernsatire im Stile Neidharts und seiner Nachfolger entsprechen. Wittenweiler verwehrt sich jedoch gegen eine ständische Auffassung seiner Bauernhandlung:

> Doch vernempt mich, welt ïr, eben!
> Er ist ein gpaur in meinem muot,
> Der unrecht lept und läppisch tuot,
> Nicht einer, der aus weisem gfert
> Sich mit trewer arbait nert;
> Wan der ist mür in den augen
> Sälich vil, daz schült ïr glauben. (42ff.)

Augenscheinlich wird nicht nach soziologischen Gesichtspunkten gegliedert, sondern nach moralischen. Der Erzähler unterscheidet zwischen dem weise handelnden, tüchtigen und aufrichtigen Menschen und dem rechten Normen zuwider lebenden Tölpel, der in der Bauernrolle das Narrentum aller Stände vertreten soll. Das Geschrei der Bauern soll nicht als Gegenpol zum Betragen anderer Gesellschaftsschichten aufgestellt sein, sondern als allgemeines *törpelleben* den Gegensatz zu Ernst und Lehre bilden. Daß standeskritische Aspekte bei einer Interpretation des *Ring* aber doch nicht ausgeklammert werden können, wird sich später zeigen.

Mit Souveränität grenzt der Erzähler hier sein eigenes Vorhaben von der Tradition der Bauernsatire ab. Er wendet sich direkt an seine Leser oder Hörer, befiehlt ihnen, aufmerksam zu sein, damit ihnen ja nicht entgehe, was nach seiner Auffassung im Gegensatz zu anderen ein "Bauer" sei. Zu diesem selbstsicheren Auftreten paßt auch die frühere Ankündigung des Buchinhalts:

> In dreu schol ez getailet sein
> Besunder nach den sinnen mein. (15f.)

Der Verfasser folgt nicht der Gliederung einer Quelle, sondern teilt eigenständig sein Material auf. Eine Quellenangabe findet man im *Ring* nicht, obwohl Wittenweiler nachweislich den Bauernschwank

14 Der Erzähler in Wittenweilers "Ring"

Metzen hochzit, ein Produkt der Neidhartschule, bei der Abfassung des Epos benutzte. Allerdings muß man einräumen, daß der gesamte lehrhafte Teil des *Ring* mit der Vorlage nichts zu tun hat und daß der Erzählstoff des Schwankes nach den Aussagen des Prologs nur Mittel zum lehrhaften Zweck sein soll. Außerdem fällt schon rein äußerlich die unterschiedliche Länge der beiden Werke auf: *Metzen hochzit* steht mit seinen 680 Versen den 9699 Versen des *Ring* gegenüber.[32]

Wittenweiler wirkt unabhängig: er verzichtet nicht nur auf eine Quellenangabe, genausowenig nennt er einen Gewährsmann, spricht er einem Auftraggeber Worte der Verpflichtung aus, überliefert er in den Zeilen selbst oder in einem Akrostichon den Namen eines Gönners, noch fordert er, wie schon erwähnt, den Beistand Gottes an. Dieser Autonomie entspricht, daß dem Prolog ein weiterer Topos der Bescheidenheit, die "Demutsformel," fehlt. Wenn etwa Wolfram im *Parzival*prolog im Hinblick auf die Totalität der *aventiure* eingesteht, er könnte sich selbst verdreifachen und hätte sogar dann noch große Mühe bei der Darstellung,[33] so findet man bei Wittenweiler trotz der Ankündigung des im gleichen Maße weltumfassenden Erzählgehalts keinerlei Unfähigkeitsbeteuerung. Die Stilmittel des *sermo humilis* sind hier nicht angewandt.

Man weiß, daß Vorhandensein oder Nichtvorhandensein eines Topos über eine wirkliche dahinterliegende Gesinnung des Autors oder über eine historisch nachweisbare Situation wie etwa den Befehl des Auftraggebers, das Werk zu schreiben, keine immer zuverlässige Antwort gibt. Gewöhnlich läßt sich der Zusammenhang auch nicht mehr überprüfen. Analysierbar bleibt dagegen, welche Erzählerfigur mit Hilfe dieser Mittel innerhalb eines gegebenen Textes aufgebaut wird. Bei Wittenweiler ist es bezeichnend, daß er aus dem reichhaltigen Bestand der Rhetorik und Topik gerade diejenigen Mittel auswählt, die zu dem Bild eines souverän mit Stoff und Publikum verfahrenden Erzählers beitragen. So strikt scheint die Kontrolle zu sein, daß es nicht dem Urteil des Lesers überlassen bleiben soll, eine Stelle als Scherz oder als Ernst aufzufassen: die Farbenlinie zu Beginn jeder einzelnen Zeile soll fortlaufender Erzählerkommentar sein.

Als selbstbewußter Mentor wird der Erzähler—so hat man hier den Eindruck—die Leser führen und belehren. Seine überlegene Handhabung des Stoffes sichert ihm deren Vertrauen auf seine Autorität. Anderseits entgeht er der Gefahr der allzu betonten Überlegenheit, indem er bisweilen das Publikum und sich selbst in der ersten Person zusammenfaßt und sich so mit ihm auf die gleiche Stufe stellt (v. 10, 21, 41). Er tut dies selbst dort, wo er der menschlichen Schwäche Zugeständnisse macht:

> Nu ist der mensch so chlainer stät,
> Daz er nicht allweg hören mag
> Ernstleich sach an schimpfes sag,
> Und fräwet sich vil manger lai.
> Dar umb hab ich der gpauren gschrai
> Gemischet unter diseu ler,
> Daz sei dest senfter uns becher. (32ff.)

Da der Erzähler sich hier nicht über die allgemein menschliche Unbeständigkeit oder Ungeduld erhebt, entgeht er der Gefahr, wegen Arroganz die Sympathie des Publikums zu verlieren.[34] Man beachte in diesem Zusammenhang, daß er es anders als viele Autoren seiner Zeit zwar nicht für nötig hält, sich irgendwo wegen mangelnden Könnens zu entschuldigen,[35] anderseits aber auch keinerlei Ansprüche auf Dichterruhm erhebt und sich am Ende des Prologs ohne Dichtertitel nur mit seinem Namen vorstellt.

Ihm ist viel daran gelegen, daß die Lehre bei der Leserschaft "ankommt"; deshalb bemüht er sich wohl so sehr um ihre Sympathie. Er lädt sie ein, gemeinsam mit ihm, wenn auch unter seiner strikten Führung, den Weltlauf zu richten und alles Nötige über das Leben in der Welt zu lernen. Vom Leser wird anscheinend außer Aufnahmebereitschaft keine besondere Anstrengung verlangt.

Zum Schluß der Vorrede macht der Erzähler eine weitere Konzession an sein Publikum:

> Secht es aver ichts hie inn,
> Das weder nutz noch tagalt pring,
> So mügt irs haben für ein mär. (49ff.)

Diese Worte kann man mit einer allgemeinen Wendung vergleichen, mit der verschiedene zeitgenössische Prologe schließen. Im *Schachzabelbuch* heißt es:

> doch sîd ich mich des werkes hân
> angenomen, sô wil ich
> das beste tuon, des ich mich
> versinne, und lâns denne ieden man
> haben, wâvür ers welle hân: (778ff.)

Ein unbekannter Zeit- und Landesgenosse Wittenweilers sieht ebenfalls verschiedene Möglichkeiten, wie sein Werk aufgenommen werden könnte, wehrt aber von vornherein die Kritiker ab:

> doch wem es nit gevalle wol,
> dem rat ich, das er sol

underwegen lassen sin lesen
und sol mich ouch lassen gnesen.
(Vorrede, 13ff.)[36]

Die Verse im *Ring* lassen sich als Zugeständnis des Erzählers an diejenigen Leser verstehen, die sein Werk nicht so auffassen, wie er es angelegt hat. Diese Leser mögen das Werk als *mär* betrachten, als Geschichte, die mit den speziellen Intentionen des Erzählers nichts zu tun hat, als Erzählung ohne ausgesprochenes Ziel, nach Belieben sogar als "erlogenes Zeug."[37]

Es ist sinnvoll, diese Zeilen am Ende des Prologs als Hinweis auf des Lesers Freiheit bei der Interpretation des gesamten Werkes aufzufassen. Man kann dann nämlich erkennen, daß hier wie so häufig in den vorangehenden Versen einer Vorschrift der Rhetorik Genüge getan wird, diesmal der Regel: "Der Abschluß des *exordium* soll mit dem Beginn der *narratio* harmonieren."[38] Im Prolog spricht der Erzähler ernst und mentorhaft mit seinem Publikum, in der eigentlichen Erzählung dagegen beginnt er ein heiteres Spiel der Parodie und Ironie.[39] Wenn es am Ende des Prologs heißt, man brauche das Werk nicht unbedingt so zu verstehen, wie es aufgesetzt sei, so ist eine solche Bemerkung zunächst unerwartet. Sorgfältig hat der Erzähler vorher dem Publikum Sympathie und wohlwollende Aufmerksamkeit abgewonnen und seine Didaktik als angenehm angepriesen.[40] Dies alles gibt er mit dem Zugeständnis an die Interpretationsfreiheit des Lesers leichthändig auf und ironisiert damit das gesamte rhetorisch geschulte Bemühen der Vorrede. Er führt also bereits hier sein Spiel mit dem Publikum ein und leitet somit zum Erzählstil am Anfang der *narratio* über. Diese leichthändige Geste könnte von dem Wissen des Autors herrühren, daß Spiel "zunächst und vor allem *ein freies Handeln*" ist;[41] wer beim Lesen der Bauernhandlung die Rolle des *magister ludens* anerkennt, tut dies ohne Zwang.

Kapitel II
Erster Teil (v. 55-2622)

Beginn der *narratio* (v. 55-102)

Ehe "der gpauren gschrai" einsetzt, werden Schauplatz und Hauptpersonen vorgestellt. Der Dorfname "Lappenhausen" weist den Leser zurück auf die Prologstelle, die die Taten *läppisch* Handelnder ankündigte. Es ist möglich, daß Wittenweilers Zeitgenossen die sprichwörtliche Erklärung des Ortsnamens kannten: "darvon kompt noch das sprichwort auser, das man ein heist ein Lappenhauser, wer auß eim tollen, tummen mut viel ungeratner arbeit thut, on nutz und not viel ubersicht, stets viel verwarlost und zerbricht."[1] Der Name des Dorfes charakterisiert also die folgenden Handlungen der Dorfbewohner; eine geographisch nachweisbare Örtlichkeit gibt er nicht wieder. Dasselbe gilt von dem "tal zu Grausen,"[2] obgleich zunächst keineswegs eine unheimliche Atmosphäre herrscht. Im Gegenteil liegt das Dorf *wunnechleich* (57), und die Bewohner leben *ane trauren* (60). Doch strahlen in Lappenhausen weder die Wonnen eines *locus amoenus*—Baum und Quelle fördern nicht ästhetischen Genuß, sondern versorgen die Bewohner sehr reichlich mit Holz und Wasser[3]—noch herrscht höfische Heiterkeit, denn hier versammeln sich anstelle edler Ritter *vil esler pauren* (59).

Mit der Paronomasie *esel / edel* beginnt der Erzähler sein rhetorisches Spiel. Dieses zu verstehen war besonders für die spätmittelalterliche Leserschaft nicht schwer, da es sich um ein in der Zeit wohlbekanntes Wortspiel handelt.[4] Die Definition von *gpaur* im Prolog, die Namen von Ort und Tal und dieses erste Wortspiel bieten Stützen für das Verständnis von Ironie und Parodie in den folgenden Zeilen.

So wenig die Lappenhauser Bauern edel sind, so wenig ist Bertschi ein *degen* (63). Vielmehr erinnert sein Name an die Darstellung eines tölpelhaften Bauernburschen bei Neidhart von Reuental:

> Dâ ir bî ein ander sît,
> tumbe getelinge,
> dâ sult ir iuch hüeten wol vor enem toerschen knehte:
> der gêt alrest hiwer her vür
> und ist geheizen Ber.

der ist lanc und ahselwît,
gîtic übeler dinge
unde wünschet, daz er kom, da er im genuoc gevehte.
er kumt kûme in zer tür.
phî, wer brâhte in her?
erst noch tumber, danne die uns in den anger sprungen.[5]

Dieser Ber wird auch von den Nachfolgern und Nachahmern Neidharts oft genannt; in der Quelle des *Ring* spielt er die Rolle des männlichen Helden. Wittenweiler verleiht ihm den zusätzlichen Namen Triefnas. Wenn man annimmt, daß auch hier der Name ein Charakterisierungsmittel ist, kann man die darauffolgende Beschreibung Bertschis als *säuberleich* (63) nur ironisch verstehen. Darüber hinaus weist der Vergleich "sam er gedraiet wär aus holtz" (64) auf die Ironie in dem gesamten Vers "ein degen säuberleich und stoltz." Die Beschreibung Bertschis enthält ein Vokabular, das dieser auf sich selbst anwenden würde, denn:

Er wär schlecht oder chrumb,
Er wär nahent oder verr,
Der muost im sprechen junkherr. (66ff.)

Entsprechend beschreibt der Erzähler die übrigen Bauern und verdeutlicht damit die Diskrepanz zwischen seiner Sicht und der Illusion der Bauern.

Diese Technik der *simulatio* wird im weiteren Verlauf des Epos häufig angewandt. Da mit ihrer Hilfe die Schwächen eines Gegners wirkungsvoll aufgedeckt werden können, bildet sie ein wichtiges Mittel des Parteienkampfes im *genus iudiciale* der Rhetorik.[6] An ein Gerichtsverfahren spielten Verse des Prologs an; hier erkennt man: der Erzähler hat nun die Rolle des Anklägers übernommen und bemüht sich bei seiner Darstellung der Bauernhandlung um die Sympathie des richtenden Lesers.

Es folgt die Beschreibung Mätzli Rüerenzumphs, eines häßlichen und sich keineswegs vorbildlich verhaltenden Bauernmädchens. Nur in Bertschis und der Lappenhauser Bauern Augen ist Mätzli begehrenswert. Der Erzähler dagegen liefert mit ihrer Beschreibung eine Parodie des höfischen Frauenideals,[7] wobei er Bild und Gegenbild nah aneinanderrückt:

Ir mündel rot sam mersand. (78)

Ir wängel rosenlecht sam äschen,
Ir prüstel chlein sam smirtäschen.

Die augen lauchten sam der nebel,
Der aten smacht ᵉir als der swebel. (89ff.)

In seiner blinden Zuneigung zu diesem Geschöpf wirkt Bertschi äußerst lächerlich. Der Erzähler unterstreicht den Abstand von traditionellen Normen, wenn er am Schluß der Einführung die herkömmliche Phrase vom *sterben* oder *verderben* des Minners in grober Verzerrung auf Bertschi anwendet:[8]

Und ward ir schlechtleich also holt,
Das er nach ir zerserten wolt. (101f.)

Ausdrücke und Schemata der höfischen Dichtung tauchen in dem unangemessenen Milieu der Bauernwelt auf. Es bleibt dem Leser überlassen, ironische und parodistische Verkehrungen aufzudecken und das Spiel des Erzählers nachzuvollziehen.

Auch direkte Hinwendungen des Erzählers an seine Leserschaft, die er inzwischen vertraulich als "lieben gsellen" (82) anspricht, sind ironisch. Mit der Bemerkung, "welt ᵉir ander tagweis" (97), führt er den Leser von der Beschreibung Mätzlis weg und ironisiert dabei dieses Mal sich selbst, indem er den Abstand zwischen höfischer lyrischer Dichtung und seinem eigenen *puoch* unterstreicht. Ebenso wirkt die traditionelle Formel "daz ist war" (74) hier ironisch, da sie auf Bertschis Wahl des häßlichen, abstoßenden Geschöpfs, dem der Kropf bis auf den Bauch hinunterhängt, angewandt ist und somit das Absurde anstelle des Glaubwürdigen betont.

Am Anfang der *narratio* herrscht zunächst die grüne Farbe vor, wie man das nach den Erläuterungen des Prologs erwartet. Die Beschreibung Mätzlis ist die erste rot markierte Stelle. Wenn man sich erinnert, daß es im Prolog hieß, der erste Teil des Epos solle *hofieren* lehren—im Prolog gibt es keine eindeutigen Anzeichen für Ironie; es ist daher sinnvoll, ihn in seinem wörtlichen Sinne zu verstehen—wird man die Lehre dieser Stelle zunächst im Parodierten vermuten, in dem Bild einer schönen Frau, wie es in der höfischen Dichtung weit verbreitet war. Bei mittelalterlichen und spätmittelalterlichen Parodien kommt es häufig vor, daß der parodierte Stoff von seiner ursprünglichen Geltung beim Publikum nichts einbüßte;[9] man kann daher annehmen, der Leser werde hier über das höfische Frauenideal belehrt. Es ergibt sich dann allerdings, daß man bereits vor der Lektüre dieser Verse mit dem Lehrinhalt vertraut sein muß, um die Parodie zu verstehen. Damit wird dann der im Prolog zuerst weit gefaßte, dann bereits dort etwas eingeschränkte Publikumskreis hier noch genauer bestimmt: nur diejenigen Leser durchschauen die Parodie weitgehend, denen die höfische Welt nicht fremd ist.

Die Lehre braucht nicht genau auf das altbekannte höfische Frauenbild festgelegt zu sein. Das indirekte Sprechen gewährt allerlei Spielraum in der Interpretation. Wenn sich in den weiteren Versen herausstellt, daß die Lehren über das *hofieren* nicht nur rückwärtsgewandt den traditionellen höfischen Kodex wiedergeben, sondern neue Modifikationen enthalten, dann sind vielleicht auch die indirekten Lehren über das höfische Frauenideal in diesem Zusammenhang nicht nur Repetition von Altbekanntem.

Man fragt sich, warum die Einführung Bertschis mit grünen Initialenlinien gezeichnet ist, obwohl doch auch sie—zwar nicht in demselben Ausmaß wie die Einführung Mätzlis—Parodistisches enthält und somit ebenfalls indirekt belehren mag.[10] Es läßt sich an dieser Stelle keine überzeugende Antwort auf die Frage finden. Nach den Ankündigungen des Prologs erwartete man eine deutliche Trennung von *gpauren gschrai* und *ler*. Diese Trennung wird aber offensichtlich nicht streng aufrecht erhalten; so ist die Beschreibung Mätzlis *schimpfes sag* wie auch *ernstleich sach*. Der Leser erkennt, daß ihm die passive Rolle, die ihm im Prolog übertragen wurde, nun gar nicht zukommt. Er muß nicht nur ironische Verkehrungen aufdecken, auch beim Unterscheiden zwischen lehrhaften und unterhaltenden Versen scheint er trotz der Initialenmarkierung auf sein eigenes Urteil angewiesen zu sein.

Das Stechen (v. 103-659)

Zu Beginn dieser Episode heißt es, Bertschi sei an einem Sonntag "mit zwelf gsellen" (107) zum Stechen aufgeritten. In den nachfolgenden Versen werden jedoch nur elf Kämpfer außer Bertschi vorgeführt, darunter als letzter Neidhart, der unerkannte ritterliche Feind inmitten der Bauernschar. Dieser deutliche Widerspruch kann bei dem im Prolog und auch im übrigen Werk so sorgfältig arbeitenden Erzähler kaum als Versehen betrachtet werden. Es scheint vielmehr, da die Zwölfzahl die typische Zahl der Recken in der Heldenepik ist, als spiele er hier mit einer traditionellen Zahlenangabe.[11] Parodistisches Spiel beim Zählen von Streitern wird sich in der Darstellung der Kämpfe zwischen Lappenhausen und Nissingen zeigen.

Seine methodische und streng zählende Arbeitsweise bezeugt der Erzähler, wenn er die zwölf Kämpfer des Stechens nun einzeln nennt. Jeder Bauer wird in vier Versen vorgeführt; zuerst wird seine Nummer angegeben, dann der Name, danach das Wappen. Dem letzten der Gruppe, Neidhart, werden sechs Verse gewidmet, und sein Wappen wird vor dem Namen genannt. Obwohl die Aufzählung dasselbe Schema elfmal enthält, ist sie nicht monoton. Dafür sorgen die verschiedenen lächerlichen Wappenbilder und außerdem die jeweils veränderte Ausdrucksweise:

> Der erst was unser Triefnas, (111)
>
> Der ander Chuontz vom stadel hies, (115)
>
> Der dritte Chnotz was genant. (119)

Mit dieser *variatio* beugt der rhetorisch geschulte Erzähler dem *taedium* des Lesers vor.

Die Wappen der Bauern und ihre Kampfausrüstung—auch diese wird (165ff.) in gleichmäßiger Ordnung in je zwei Versen für Helme, Schilde, Kleidung und Beinschienen beschrieben—entstammen zumeist dem bäuerlichen Leben; man kann sie als Parodie auf die ritterliche Ausstattung betrachten. Die kommentierende Aufzählung der Kampfteilnehmer parodiert, wie Wießner bemerkt, herkömmliche Schilderungen dieser Art.[12]

Hinweise auf Ironie und Parodie innerhalb der gesamten Episode sind von vornherein deutlich gegeben. Gleich zu Beginn heißt es über die Bauernstreiter:

> Die ritten also unverdrossen,
> Sam si der regen hiet begossen. (109f.)

Wurde Bertschi am Anfang der *narratio* ironisch als *degen* bezeichnet, so heißt er jetzt *held* (112). Auch Chuontz' Heldentum existiert nur in seiner eigenen Vorstellung und als ironischer Ausdruck des Erzählers, wie der Vergleich "sam ein waldmies" (116) deutlich macht. Haintzo ist ein *eselman* (128); Chnotz ist nicht wie ein höfischer Held "aller schanden bar,"[13] sondern "in allen schanden wol erkant" (120); Twerg mangelt es an hoher Geburt und wohl auch an großer Gestalt, dafür aber ist er "ein hohgeporner auf dem perg" (132). Spöttisch wird Troll *junkher* (123), Burkhart *graf* (140) und Eisengrein *her* (136) genannt.[14] Man wird durch diese Wortironie wie auch die parodistische Verwendung höfischer Phrasen immer wieder daran erinnert, wie weit die schlechte Nachahmung der Bauern von ihrem höfischen Vorbild entfernt ist.

Die Sinnlosigkeit des Stechens offenbart sich im Ziel; man kämpft "durch junkfrawn Mätzen zuht und er" (164). Der Leser erkennt die Ironie in diesen Worten. Wenn die Bauern nun nicht allein Mätzlis wegen, sondern außerdem "durch aller frawen eren" (187) zum Stechen aufreiten, so entspricht auch dieses allgemeine Ziel nur schein-

22 Der Erzähler in Wittenweilers "Ring"

bar dem Zweck des ritterlichen Kampfes, "daz man hofier den frawen rain" (901), denn nach Wittenweilers Darstellung besitzen die Frauen insgesamt, wie später nachzuweisen sein wird, weder Reinheit noch Ehre, sondern sind im Gegenteil triebhaft, untreu und unbeherrscht.

Rhetorisches Spiel liegt in der ironischen Gegenüberstellung von Ritterlichem und Bäuerlichem, ebenso in der Umschreibung oder im understatement des Erzählers. Über den Sturz der Bauern sagt er:

So herte ward daz reiten,
Daz ir enkainr gepeiten
Mocht, bis daz im hilfe chäm. (209ff.)

Die nachfolgenden Zeilen machen das understatement deutlich. Häufig benutzt der Erzähler Ausdrücke, die den Ernst der Lage überspielen, besonders in Situationen, in denen es um Leben oder Tod geht.[15] Beim Stechen fragt er leichtfertig, als man einige gefallene Reiter vor dem Ertrinken rettet: "Waz scholt mans fürbas swellen?" (250).

Als Vertreter der ritterlichen Welt erscheint Neidhart. Wenn nun auf diesen ebenfalls Begriffe wie *her* (159) oder *ritter* (159), *chluog* (159), *genäm* (212) oder *hofeleich* (385) angewandt werden, so liegt hier keine Wortironie vor. Wittenweiler konnte von einem gebildeten Publikum erwarten, daß es von Ritter Neidhart gehört hatte, dem historischen Reuentaler oder doch zumindest dem legendären Neidhart, dem *pauren hagel* (158).[16] Beim Stechen unterscheidet sich Neidhart deutlich genug von den Bauern, indem er auf deren derbes Geholper in betont höfischer Rede antwortet, mit ihnen seinen Spott treibt und als einziger Sieger bleibt.

Bereits bei seinem Auftreten kommt dem Bauernfeind eine Sonderstellung zu: der Erzähler führt ihn, wie schon erwähnt, in sechs anstatt vier Versen ein und rückt ihn als einzigen in eine geheimnisvolle Sphäre, da er angibt, seinen Namen nicht zu kennen.[17] Anstelle des Namens nennt er den *fuchszagel* (157), Neidharts Wappen (vgl. v. 644f.), und fordert somit seine Leser auf, den Träger des Zeichens zu erraten.[18] Falls ihnen das gelingt, können sie sich einen Moment lang dem anscheinend unwissenden Erzähler, der Neidharts Namen darauf nur als Vermutung angibt (158), überlegen fühlen, bevor sie den Trick durchschauen. Gerade hat der Erzähler in seiner bereits bekannten Selbständigkeit den Bauernstreitern Namen verliehen:

Der aht der haist, als ich es main, (139)

Den neunden ich euch tauffen wil (143)

und noch bei dem unmittelbaren Vorgänger Neidharts betont: "Des einlften namen sei man gwiss" (151). Wenn er darauf erklärt, den Namen des letzten Reiters nicht zu wissen, so klingt das zunächst nur wenig glaubwürdig und erweist sich später als Vortäuschung, als er nicht nur Neidharts Verhalten ganz genau kennt, sondern auch dessen verborgene Gedanken:

> Her Neithart ward der rede fro,
> Wie wol ers nit erzaigti do. (357f.)

Durch diese Bemerkung *ad lectores* enthüllt der Erzähler seine angebliche Unwissenheit als Spiel. Gleichzeitig erlaubt er hier dem Leser Einblicke in die Situation, die den Bauern verwehrt sind, und mag sich damit wieder einmal Sympathie verschaffen. Des Lesers Wohlwollen ist notwendige Voraussetzung, wenn dieser weiterhin mit dem Erzähler in gemeinsamer Front gegen die Bauern stehen soll. In seiner spottenden Überlegenheit gehört offensichtlich auch Neidhart als Gegner der Bauern zur Partei des Erzählers. Obgleich sich das mangelnde Wissen des Erzählers als Vortäuschung herausstellt, bleibt an der Person Neidharts etwas Unerfindliches und Geheimnisvolles haften; man erfährt nie, woher der fremde *gast* (351, 408 usw.) kommt oder wo er nach dem Turnier bleibt. Noch einmal erklärt der Erzähler in dieser Episode seinen Mangel an Wissen, als nämlich Bertschis Pferd über eine Erbse stolpert. Der Kommentar "ich waiss nit wie" (552) unterstreicht hier das Absurde und Unerklärliche der Situation.

Verse *ad lectores* enthalten wiederholt Auskunft über verborgene Gedanken und Gefühle der handelnden Personen. Eine kaum höfische Ausdrucksweise verwendet der Erzähler dabei nach dem zweiten Stechen.[19] Dieses Mal weiß selbst der kluge Neidhart nicht von vornherein über die Lage Bescheid; allein der Leser erhält Auskunft über die heimliche Furcht der Bauern:

> Wes scholten do die andern phlegen?
> Daz mügt es aigenleichen wissen:
> Sei hieten sich vil nach beschissen
> Von rechter forcht, die si do hieten. (621ff.)

An solchen groben Versen und an Obszönitäten besitzt der *Ring* wie manches epische oder auch dramatische Werk des Spätmittelalters eine große Anzahl. So betont der Erzähler hier beim Stechen durch die Zwischenrede: "Hört, waz ich euch mer sag!" (396) einen derbkomischen Zwischenfall, den Unfall Graf Burkharts. Wegen Stellen dieser Art wurde der *Ring* von einigen seiner frühen Kritiker als "gemütlose Kotmalerei" abgetan.[20]

In einer späteren Zwischenrede treibt der Erzähler wieder einmal sein Spiel mit dem Leser. "Ob ich es rechte brüefe" (609), so beginnt er den Bericht über die Folgen von Bertschis Unfall, um darauf zu erklären:

> Ze hart im an der selben vart
> Gestrigelt ward sein har und bart. (610f.)

Diese Worte entsprechen keineswegs der "recht geprüften" Situation. Man muß sie als Untertreibung verstehen, wenn man in den unmittelbar folgenden Versen liest, daß Bertschi beinah ums Leben gekommen wäre.

Wegen ihrer emphatischen Funktion ist eine weitere Zwischenrede dieses Abschnitts bedeutsam. Der Erzähler fordert in direkter Anrede des Lesers Aufmerksamkeit, dieses Mal für eine Rede Eisengreins:

> Eisengrain moht nit enbern
> Einer red: die höret gern! (307f.)

In den nachfolgenden Worten deutet Eisengrein auf den Widerspruch zwischen Chuontz' Gelehrsamkeit und dessen Bauerntum, indem er sich spottend darüber wundert, daß Chuontz "da haim uf sinem mist" ein so guter "jurist" geworden sei (311f.). Danach trägt er in betontem Gegensatz zu Chuontz' gelehrter Ausführlichkeit seine eigene Meinung vor: "Es mügt wol encher selber spotten" (316). Seine Worte sind in der Tat der Situation entsprechend gewählt, sie lösen bei den Bauern heftige Reaktionen aus. Die Tauflehre des Chuontz dagegen muß völlig an Haintzo vorbeigegangen sein, da er bald wie ein getaufter Christ ein Beichtbekenntnis ablegt.[21]

Die Zwischenrede des Erzählers sorgt dafür, daß der von Eisengrein hervorgekehrte Widerspruch keinem entgehe. Ähnliche Gegensätze findet man später, etwa dann, wenn kein anderer als ein Bauer namens Lastersak das Laiendoktrinal oder Saichinkruog die Haushaltslehre vorträgt und diese Lehren an Bertschi gerichtet sind, der sie voller Ungeduld einfach über sich ergehen läßt. Jedoch ist der *Ring* nicht so strukturiert, daß sich in jeder Lehrsituation Diskrepanzen aufweisen lassen. Vielmehr gibt es verschiedene Stufungen im Verhältnis zwischen Lehrer, Lehre und Vortragssituation, von auffälliger Gegensätzlichkeit bis zu harmonisierender Übereinstimmung.[22] So steht dem Bauer-Juristen Chuontz später der *amman* (7766) von Konstanz gegenüber, ausgebildet von einem, "der was ein jurist" (7777). Dieser *amman* beweist seine gründlichen Kenntnisse in einer klug aufgebauten Rede. Die Vertreter der Städte hören ihm zu, befolgen seinen Rat und vermeiden dadurch, in einen sinnlosen Krieg hineinzugeraten. In diesem Fall wird jeder Leser die Lehre ohne Vorbehalte akzeptieren.

Die Spottrede Eisengreins bewirkt dagegen, daß ein kritischer Leser die Kenntnisse des verhöhnten Chuontz nicht ohne weiteres hinnimmt, sondern sie mit Hilfe einer zuverlässigen Auskunftsquelle überprüft. Dabei wird er feststellen, daß die Tauflehre im *Ring* bis in Einzelheiten mit der kirchlichen Lehre übereinstimmt.[23] Der Leser wird also indirekt aufgefordert, den Text kritisch zu betrachten und so die spätere Forderung des Schülerspiegels,

> Daz sibend, sam der lerer spricht,
> Ist daz zweiveln in der gschrift, (3904f.)

auf den *Ring* selbst anzuwenden. Durch *fündlen* und *fragen* (3907) kommt er hier dazu, einen vom Erzähler rot markierten Vortrag als richtige Lehre anzunehmen, obwohl der vortragenden *persona* solches Wissen gar nicht zuzutrauen ist.

Der nächste rot markierte Abschnitt (v. 325-40) enthält zwei einander widersprechende Meinungen; dem Vorschlag des Lekdenspiss folgt unmittelbar die Widerrede des Chuontz. Wer von den beiden recht hat, erfährt man nicht, wie man erwarten würde, in Versen mit roter Initialenlinie, sondern man muß innerhalb der grün gekennzeichneten Handlung nach der Bestätigung der richtigen Lehre suchen. Da Chuontz eine richtige Lehre über die Taufe vorgetragen hat, ist der Leser geneigt, seine Ansicht der des Lekdenspiss als Lehre vorzuziehen. Die Warnung des Chuontz erweist sich auch wirklich dann als zutreffend, als Bertschi beinahe von seinem Esel zu Tode geschleift wird:

> Secht, do ward er erst enphinden,
> Daz Chuontz im vor gesaget hiet,
> Do er ze lesten von im schied! (615ff.)

Jedoch scheint Lekdenspiss nicht völlig unrecht gehabt zu haben. Als er selbst Neidhart zum ersten Mal anrennt, erfüllen die Riemen, mit denen er angebunden ist, durchaus ihren Zweck. Erst beim zweiten Angriff geben sie nach, er fällt dieses Mal aus dem Sattel und scheidet aus dem Kampf aus. Das Festbinden war innerhalb der herkömmlichen Stechregeln nicht erlaubt;[24] daher sollte man zunächst annehmen, Chuontz habe recht. Da es jedoch Lekdenspiss wenigstens vorübergehend nützt—und der Text außer Nutzen oder Nachteil kein weiteres Kriterium für die Wahl zwischen den beiden rot markierten

Meinungen bietet—muß man annehmen, daß der Erzähler "den nüwen bunt, damit sich manger tuot bewarn,"[25] nicht rundweg ablehnt. Wenn es außerdem so ist, daß Bertschi nur deswegen in Gefahr geriet, weil er übertrieben fest angebunden war (vgl. v. 580f. und v. 603ff.), dann muß man sogar vermuten, der Erzähler lehre zwar einerseits die herkömmlichen Stechregeln, anderseits scheue er—augenscheinlich ein Pragmatiker—nicht davor zurück, "heimliche Kniffe" als ernstgemeinte praktische Lehre anzubieten.[26] Diese Vermutung wird sich verstärken, wenn man später feststellt, daß der Erzähler Neidharts Trick mit den Bengeln aus Stroh mit dem Rot der Lehre markiert (v. 944f.) und, wie die vorliegende Untersuchung zeigen wird, offensichtlich gutheißt.

Man sieht, wieviel mehr dem Leser hier beim Erkennen der Lehre überantwortet wird, als das in der Mehrzahl der didaktischen Werke der Zeit geschieht. Dort wird die Lehre meistens durch den Autor oder Erzähler vorgetragen, der zuverlässig für das Gesagte bürgt; hier treten verschiedene *personae* als Verkünder der *ler* auf. Wenn diese einander widersprechen, und das tun sie nicht nur in dieser Episode, trägt der Leser die Verantwortung bei der exakten Erkenntnis dessen, was er als Lehre akzeptieren wird.[27]

Bisweilen ist es schwer zu erkennen, warum eine Stelle überhaupt als Lehre markiert ist. Dies gilt für Eisengreins Rede nach seinem Sturz (515ff.). Man könnte hier vielleicht argumentieren, Eisengreins Unverzagtheit und die raffinierte Weise, die Schuld an dem Sturz auf sein Pferd zu schieben, sei einer praktischen Lebensanschauung gemäß und daher als vorbildlich dargestellt. Daß er dann um seine verletzte Hand besorgt ist und indirekt "schand" eingesteht (v. 522), paßt nicht zu dem Bild des unverzagten Streiters und könnte deswegen die grüne Farbe tragen.[28] Bei dem Vers: "Wer mag sich an den himel haben?" (520) ist die Rotmarkierung nicht problematisch, da hier eine sprichwörtliche Redensart angeführt ist.[29] Sprichwörter gelten im *Ring* als Lehre. Daraus erklärt Sowinski die roten Initialenlinien bei Burkharts höhnischer Bemerkung gegen die Frauen (401ff.); er weist darauf hin, daß Ausbrüche der Frauenfeindlichkeit im Spätmittelalter sprichwörtlichen Charakter hatten.[30] Bertschis Zornanfall (526ff.) ist als Lehre dargestellt. Anscheinend soll der Leser auch über körperliche Reaktionen und Veränderungen unterrichtet werden. Darin müßte man dann den Grund sehen, weshalb über die bei Mätzli unrealistisch schnell auftretenden Schwangerschaftsanzeichen (2185ff.) in rot markierten Versen berichtet wird.

Nicht immer ist es problematisch, das genaue Ausmaß der Lehre zu erkennen. Die Forderung, man solle dem Esel die Augen verbinden, bestätigt sich sofort als richtiger Hinweis, da Hagen von seiner wilden Flucht abläßt. Die Lehre:

Ir ruggen sei do smukten
Hinter die schilt vil werleich (585f.)

ist so offensichtlich richtig und allgemein bekannt, daß man sich zunächst fragt, weshalb sie eigens angeführt ist. Jedoch muß man bedenken, daß allgemein didaktische Dichtungen des Mittelalters stets altbekannte Wahrheiten, häufig in der Form von Sprichwörtern, wiedergeben. Erstaunlich ist allerdings, daß diese Lehre neben der Anweisung über das Festbinden im Sattel und dem Hinweis, man solle die Augen des Esels verbinden, die gesamte vom Erzähler als lehrhaft markierte Unterweisung über das Stechen ausmacht. Man vermißt einerseits eine weitgehendere Belehrung über dieses Thema und ist anderseits erstaunt, hier eine Tauflehre zu finden, die nach dem Programm des Prologs erst in den zweiten Teil gehört. Die angekündigte Gliederung wird offensichtlich nicht straff durchgehalten; vielmehr werden Lehren verschiedener Art auch dann angebracht, wenn sie nicht zu dem gerade vorliegenden Lehrthema passen, aber an einen Handlungspunkt angeknüpft werden können. Das gilt besonders für die folgenden Beichtlehren, die mit *stechen und turnieren* wenig zu tun haben.

Die Beichtepisode (v. 660-829)

Als Neidhart beim Stechen die Bauern verhöhnte, erkannten einige manchmal seine spöttischen Absichten. "Bertschin tet der spot vil we" (546), er versuchte daher, sich an dem Fremden zu rächen. Die Wirkung von Neidharts "süesser red" (417) bestand darin, daß Lekdenspiss noch erzürnter, als er ohnehin schon war, auf ihn losstürmte. Wenn nun Neidhart als *gumppelphaff* (769) den Bauern zur Beichte sitzt, treibt er wiederum ein höhnisches und boshaftes Spiel. Zwei Bauern, Lekdenspiss und Haintzo, gibt er eine ungerechte Strafe auf. Ihre vorgetragenen Vergehen sind lächerlich; trotzdem wird der eine zum Bischof, der andere sogar nach Rom geschickt. Über die unvorteilhaften Folgen dieser Reisen berichtet der Erzähler vorausgreifend (820ff.).

Dieses Mal erkennen die Bauern Neidharts Spott und gegnerische Absichten nicht. Sie halten ihn wirklich für "des heiligen gaistes vol" (667). Lekdenspiss und Haintzo legen ein allem Anschein nach aufrichtiges Sündenbekenntnis ab und begeben sich gutgläubig auf ihren

Bußgang. Von Neidhart sagte der Erzähler schon vorher ironisch, er sei "ein cristan man" (540), als der Ritter, Bertschis Stottern nachahmend, spöttisch um Gelegenheit zur Reue bat. Das dort begonnene Scherzen wird nun in vollem Maß fortgesetzt.

Dabei treibt Neidhart den Spaß jedoch nur bis zu einer gewissen Grenze: er ermahnt zur Reue, hört das Sündenbekenntnis, aber eine Absolution erteilt er nicht. Haintzo und Lekdenspiss halten seine Erklärung, er könne sie wegen der Größe ihrer Sünden nicht absolvieren, für wahr. Der Leser dagegen erfährt den eigentlichen Grund, weshalb die beiden an kirchliche Instanzen geschickt werden, ihm teilt der Erzähler Neidharts verborgene Gedanken mit und belehrt ihn damit gleichzeitig über das Gebot der Laienbeichte (768ff.).

Bereits zu Beginn der Szene erfährt der Leser, daß Neidhart "von hertzen fro" (668) die ihm angetragene Beichtvaterrolle übernimmt, während die Bauern ihn nur "mit senftem hertzen" (670) sprechen hören. Man ist durch den Erzähler vorbereitet, die dramatische Ironie zu erkennen, wenn Lekdenspiss einfältig bittet: "Und gebt mir auch der buoss genuog!" (702) oder naiv vertrauend hofft, Neidhart werde seine Schweigepflicht erfüllen (720f.). Spätere Verse bestätigen die Annahmen des Lesers; nur allzu gern kommt Neidhart der Bitte um Buße nach und reduziert anderseits seine Verpflichtung zum Schweigegebot unbemerkt auf ein absurdes Minimum.

Die Handlung enthält parodistische Details, deren Ausmaß an Verzerrung man erkennt, wenn man die dahinterliegenden kirchlichen Texte betrachtet. So stellen die Bauern zuerst eine *contritio cordis* im wörtlichen Sinne an:

> Si wurden ireu hertzen pleuwen
> Also ser, daz in daz bluot
> Ze mund und nasen aus schluog. (681ff.)

Mit "zerknirschtem Herzen" nähert sich Lekdenspiss dem Beichtiger, auch diesmal das von der Kirche vorgeschriebene Verhalten stark übertreibend, indem er sich so sehr beugt, "er möht die pain zerpossen han" (699).[31] Er wird von Neidhart empfangen, der ihn "durch got, der häw und stro / Geschaffen hat" (709f.) zum Sündenbekenntnis auffordert. Diese Parodie auf die liturgische Formel "Deus qui creavit caelum et terram" ist offensichtlich dem begrenzten Denken der Lappenhauser angepaßt, da Lekdenspiss sie, ohne Einwände zu erheben oder irgendwelches Befremden zu zeigen, als Beichtformel akzeptiert und bald darauf sein Vertrauen zu Neidhart ausspricht.

Wegen solcher parodistischer Verse liegt es nahe, die gesamte Szene als Verhöhnung der Beichte anzusehen. Beweise für diese Annahme gibt es allerdings nicht. Es ist deutlich, daß die Bauern in ihrer Dummheit verspottet werden; außerdem werden kirchliche Amtsträger wegen ihrer Geldgier kritisiert (vgl. v. 823, vielleicht auch v. 821). Der Hohn des Erzählers trifft die Ausübung des Beichtsakraments, nicht die Beichte an sich.[32] Dazu paßt es, daß die von Neidhart vorgetragenen Lehren nicht verzerrt sind, sondern mit der offiziellen Lehre der Kirche übereinstimmen.

Sie sind vom Erzähler rot markiert, daher als *ernst* zu betrachten, was dem spätmittelalterlichen Leser im Gegensatz zum modernen wohl weniger Schwierigkeiten bereitete, da ihm die Mischung des Lächerlichen mit davon unberührtem Ernst vertraut war. Man weiß, daß in den Mysterienspielen des späten Mittelalters derb-komische, bisweilen unverschämt obszöne, oft parodierende Einlagen in unvermittelter Nähe von biblischen Worten stehen. Durch dieses Nebeneinander wurden jedoch die religiösen Verse nicht verhöhnt; das zeigt unter anderem die Tatsache, daß man die Spiele gerade an hohen kirchlichen Feiertagen vor der versammelten Gemeinde aufführte.

Von seinen Lesern konnte Wittenweiler erwarten, sie würden den Verzerrungsgrad der parodistischen Einzelheiten wie auch Neidharts Lehren über die Hauptteile der Beichte (673ff.) und über Gottes Barmherzigkeit (790ff.) erkennen, denn man war wohl mit der Beichte aus eigener Praxis und vielleicht auch durch die Lektüre von Beichtbüchlein vertraut.[33] Die Lehre über die Laienbeichte ist weniger allgemeiner Natur und daher möglicherweise weniger bekannt. Es kommt ihr eine besonders wichtige Funktion zu, da gerade sie den Grund enthält, der die gesamte Episode von vornherein zur Parodie macht: der hier erforderliche Priester fehlt. An diesen Mangel erinnert noch einmal der letzte Vers der Szene, in dem Neidhart mit einem "pruoder ungeweicht" (829) verglichen wird. Die Lehre ist also genügend betont und wird sich somit selbst bei einem Leser, der sie zum erstenmal hört, einprägen.

Auffällig ist in dieser Episode, daß der Erzähler sich nirgends mit einer direkten Anrede an das Publikum wendet. Dennoch ist seine Gegenwart nicht nur durch die Initialenmarkierung deutlich spürbar—etwa in den nur für den Leser gegebenen Informationen oder der didaktischen Technik, eine Lehre nicht nur im Wortlaut anzuführen, sondern sie darüber hinaus an verschiedenen Stellen des Textes durch Andeutungen oder Wiederholungen zu betonen oder durch Erweiterungen zu ergänzen. Das Beichtthema kommt im ersten wie auch im dritten Teil des *Ring* mehrere Male vor.[34] Bei Neidharts Unterweisungen über die Beichte handelt es sich um nur einen Anteil der gesamten Doktrin. Die Belehrung wird im zweiten Teil wieder aufgegriffen und gründlich erweitert (4052ff.). Mit didaktischem Geschick präsentiert der Erzähler hier ein Lehrthema innerhalb einer unterhaltsamen, erheiternden Vortragssituation und mutet erst später dem Leser längere ausschließlich belehrende Abschnitte zu.

Die Handlung der Beichtepisode entstammt der Tradition, ist nach Wießner "unter allen Szenen des Gedichtes am festesten in der Neidhartüberlieferung verankert." Die Darstellung weicht jedoch in einigen Details von den überlieferten Fassungen des Beichtschwankes ab; man muß daher annehmen, daß Wittenweiler entweder eine verlorengegangene Quelle benutzte oder eine bekannte Fassung seinen Zwecken gemäß abänderte.[35] Gaier vermutet, Wittenweiler habe die Geschichte mit dem zweiten Ordensbruder, den Neidhart schicken wollte, gekannt und spiele auf diese im letzten Vers der Episode an, "der dem Kenner der Neidhart-Tradition die ursprüngliche Fassung ins Gedächtnis rufen konnte."[36] Durch den Hinweis auf eine abweichende Fassung würde der Erzähler einerseits andeuten, daß er nicht ohne Quellenvorlage arbeitet, gleichzeitig würde er klarmachen, daß er sehr eigenständig mit der Tradition verfährt, was durchaus zu dem Bild seiner Souveränität paßt. Im traditionellen Schwank mit dem Ordensbruder sind die Bauern einem ängstlichen Neidhart überlegen.[37] Anders ist es im *Ring*: die einmal den Bauern gegenüber aufgestellte überlegene Gegenpartei—der Erzähler, der Leser und Neidhart—bleibt unverändert aufrecht erhalten.

Das Turnier (v. 830-1281)

Auch in dieser Episode ist Neidharts Überlegenheit über seine Gegner offenkundig. Er spricht von Bertschis "hoher art" (843), nennt ihn "degen" (844), "frier held" (853) und verspricht, ihm "zuo dem besten" (849) zu helfen. Neidharts Sprache weist Gemeinsamkeiten mit der Sprache des Erzählers auf: beide benutzen höfisches Vokabular ironisch. Bertschi erkennt die Ironie von Neidharts Worten hier nicht. Genausowenig durchschauen die übrigen Bauern Neidharts Äußerungen, etwa wenn er ihnen verspricht, er wolle sie turnieren lehren "eigenleich mit gantzer trüw" (878). Die Vermutung der Leser, Neidhart werde auch dieses Mal seinem Feind schaden, bestätigt der Erzähler, indem er ihnen erklärt, daß Neidharts Waffe eigentlich aus Eisen besteht, das mit Stroh umkleidet ist, und sie daher

> vil laides schaffet
> Taugenleichen mit gelimph
> Allen gsellen in dem schimpf.   (1051ff.)

Es scheint so, als solle der Leser die Möglichkeit haben, gleich zu Beginn des Turniers an Neidharts Überlegenheit und Schadenfreude teilzunehmen. Der Erzähler selbst steht solchen schadenfrohen Gefühlen anscheinend nicht fern. So kommentiert er, als die Bauern am Ende des Nachturniers völlig geschlagen zu Boden liegen: "Daz schuoff her Neithartz pengellein" (1180). Beißend spöttisch bemerkt er zum Tod der Jütze, sie sei so sehr gefallen

Daz ir die sel nit bleiben wolt
Und fuor do hin, daz faren scholt. (1218f.)

Über ihre Beerdigung meint er nur: "Daz was dem pharrer ane schaden" (1233). Mit gleichem Abstand spricht er über den Tod des Esels und die Wunden der Kämpfer (vgl. v. 1235ff. und 1239ff.).

Auch in dieser Episode beweisen die Bauern ihren Eifer, es einer höheren Gesellschaftsschicht nachzutun, und auch dieses Mal zeigen sie, wie hoffnungslos unfähig sie dazu sind. Bis zu welchem Grad die parodistische Verzerrung reicht, erkennt wieder derjenige am besten, der mit der höfischen Welt oder ihrer Darstellung in der Literatur vertraut ist. Wenn man weiß, daß Teilnehmer an einem Turnier gewöhnlich nur wenig aßen, "um nicht grade ganz nüchtern auf dem Kampfplatze zu erscheinen,"[38] dann wirken die Lappenhauser Bauern beim Verschlingen einer halben Kuh besonders grob und unbeherrscht. Ebenso erscheint die Bemerkung:

Daz chain turner nie so schier
Gtailt wart sam—die vier und vier. (896f.)

erst dann in rechtem Licht, wie Wießner hervorhebt,[39] wenn man bedenkt, wie sehr groß die Anzahl der Kämpfer in beiden Parteien eines Turniers sein kann und mit wieviel Sorgfalt man die Teilung der Parteien durchführt.

Die Anspielungen in dem Vergleich:

Seu ritten in enander
Recht sam die säw von Flandern. (1082f.)

versteht nur derjenige Leser, der ganz spezifische literarische Kenntnisse besitzt. Es handelt sich hier—so stellt Arpad Stephan Andreànszky dar—um Material aus der Heldendichtung, den Vergleich des Helden mit einem Eber, und eine "Leitvorstellung der höfischen Ritterromane, die im flandrischen Ritter ihr Idealbild erblicken."[40] Mehrere Verse später wiederholt der Erzähler den Vergleich in gesteigertem Ausdruck und verleiht ihm dadurch größere Eindringlichkeit.[41]

Da man bei der Lektüre dieser Episode durch die Erläuterungen, Anspielungen und Kommentare des Erzählers genügend darauf vorbereitet ist, die hier geübte "ritterschafft" (903) als Parodie zu verstehen, wird man die auf Bertschi bezogene Stelle:

> Wie ritterleichen kond er reiten
> Mit den sporen zpaiden seiten!
> Den kolben wand er umb daz haubt— (1064ff.)

als ironisch auffassen.[42] In dem unmittelbar nachfolgenden Vers erklärt der Erzähler: "Er ist ein narr, der mir daz glaubt" (1067). Wenn nun die ironische Verkehrung der drei vorangehenden Zeilen bereits ohne den Kommentar offenkundig war, wird man diesen im wörtlichen Sinne verstehen: in der Tat ist derjenige ein Narr, der glaubt, Bertschi könne wie ein Ritter reiten. Der Erzähler spricht in dieser Zeile zum erstenmal direkt aus, daß er mit dem Leser sein Spiel treibt, daß man seinen Worten nicht unkritisch Glauben schenken darf. Der Vers selbst parodiert die sonst übliche Hinwendung an ein Publikum, wie etwa: "Sälich sei, der mir es glaubt!" (8598).[43] Ironisch ist der Kommentar: "Für wars möcht ich des sweren" (895), der die Behauptung einleitet, noch nie sei eine Aufteilung der Kämpfer so schnell vor sich gegangen. Es liegt kein Grund zu dieser Wahrheitsbeteuerung vor, im Gegenteil wird jeder die Aussage sofort glauben.

Die übrigen Erzählerkommentare dieser Episode bieten im einzelnen nichts Neues. Sie sind ein Mittel des Erzählers, immer wieder auf seine Gegenwart aufmerksam zu machen, sei es etwa durch eine Interjektion (1030ff., 1262f.) oder eine rhetorische Frage (1254) oder ein betontes *basta*, wodurch er das Ende dieses Abschnitts hervorhebt:

> Hie mit muost der Triefnas
> Ainich bleiben, daz ist das. (1280f.)

Betrachtet man die rot markierten Verse, so fällt auf, daß die eigentlichen Lehren über das Turnieren sehr knapp gehalten sind—wie auch die Lehren über das Stechen begrenzt waren. Zunächst unterweist Neidhart Bertschi über die Voraussetzung zum Turnieren (842ff.). Neidharts Lehre, Bertschi dürfe einer Frau mit Turnieren dienen, falls er die Absicht zur Ehe habe, gilt wohl als ernst. Der Text weist auf keine widersprechende Auffassung hin. Man sieht, wie sich das "hofieren" hier von den in der Literatur um 1200 dargestellten Gepflogenheiten unterscheidet. Die nächsten belehrenden Worte Neidharts betonen vor allem den praktischen Nutzen des Turnierens als vorbereitende Übung für den Krieg. Wiederum kann man eine

Akzentverschiebung gegenüber früheren Zeiten erkennen. Auch bei dieser Lehre bietet der Text keinen Grund, sie nicht ernstzunehmen.

Bei den spezifischen Lehren über das Zäumen stellt das Gebot, man solle schlagen, "doch nit hert" (934), wohl kaum eine allgemeingültige Turnierregel dar, sondern wird nur deswegen von Neidhart erteilt, damit das feste Zuschlagen ihm allein überlassen bleibt. Auch die Anweisung, die Bengel sollten aus Stroh sein (v. 940-47), ist mit den mittelalterlichen Turniergesetzen unvereinbar.[44] Sie nutzt Neidhart, dem nun alle wehrlos ausgeliefert sind, da er als einziger die richtige schlagkräftige ritterliche Waffe unter der Strohverkleidung besitzt. Kann man diese Worte Neidharts wirklich als ernstgemeinte Lehre auffassen, oder handelt es sich hier vielleicht um eine falsche Initialenmarkierung eines Erzählers, der wenig später zu seinem eigenen Bericht über Bertschi bemerkt: "Er ist ein narr, der mir daz glaubt"?

Man hat festgestellt, daß der Erzähler bereits zu Beginn der Neidhartepisode auf Neidharts Seite steht. Obwohl dieser gegen herkömmliche Turnierregeln verstößt, wird das nirgends vom Erzähler getadelt, vielmehr teilt er offensichtlich Neidharts Schadenfreude über den gelungenen Trick mit dem "pengellein" (1180). Man muß also durchaus annehmen, daß man es hier mit einer ernstgemeinten Lehre zu tun hat: Neidhart verstößt zwar gegen die Tradition, sein Verhalten nutzt ihm aber und ist daher als vorbildlich zu betrachten. Man wird Funke zustimmen, der zur Rotmarkierung von v. 940-47 meint, hier werde "Neidharts Pfiffigkeit" hervorgehoben.[45]

Der Hinweis Babendreiers in diesem Zusammenhang auf die Philosophie Wilhelms von Ockham unterstützt diese Interpretation. Neidhart verwandle "das Moralsystem in ein veränderbares, je verschieden zu bewertendes Verhaltensrepertoire, welches seine normative Qualität nicht schon durch Teilhabe an einer allgemeingültigen, a priori bestehenden Ethik besitzt, sondern durch Anpassung an die Erfordernisse der jeweiligen Situation erst erringt." Es handle sich hier um Aspekte der Ockhamschen Ethik, die "in sich böse und deshalb verbotene Akte . . . ebensowenig wie Universalien" berücksichtige und akzeptiere.[46] Auf die im *Ring* erkennbare "in den Nominalismus des Spätmittelalters verweisende Geisteshaltung" geht Babendreier wiederholt ausführlich ein; auch Reinhard Wittmann weist für den *Ring* "zahlreiche bemerkenswerte Übereinstimmungen mit dem Denken Ockhams" nach; Jutta Nanninga deutet auf nominalistisches Gedankengut nicht nur im *Ring*, sondern auch in anderen, dem *Ring* gattungsmäßig verwandten, wenn auch zeitlich zum Teil entfernt stehenden spätmittelalterlichen Epen.[47]

34 Der Erzähler in Wittenweilers "Ring"

Die Zahl der aufgezeigten überzeugenden Übereinstimmungen ist groß genug, daß man die Annahme, Wittenweiler sei mit dem Denken Ockhams und seiner Schule vertraut gewesen, für sinnvoll hält. Es wird sich an weiteren Stellen zeigen, daß ein Blick auf dieses philosophische Gedankengut die Interpretation unterstützen oder auch erweitern kann.

Die übrigen bei der Darstellung des Turniers als lehrhaft gezeichneten Stellen haben mit Turnierregeln wenig zu tun. Chuontz weist richtig darauf hin, daß die Bauern nur in Eintracht Ehre gewinnen können (1011ff.); die Verse, in denen der Pfarrer Geri verwünscht (1152ff.), mögen ein weiteres Beispiel für die sprichwörtliche Frauenfeindlichkeit des Spätmittelalters darstellen; daß gerade die Alten, die im *Ring* meistens einsichtig sprechen und handeln, nach dem Turnier ihre Verwirrung kundtun, ist wichtig und belehrt über die in der Tat verwirrende und ungewöhnliche, teils scherzhafte und teils ernste Situation.

Auch die eigentliche Handlung enthält Lehren über das Turnieren, obwohl sie grüne Initialenlinien trägt. Hier begegnet man zum erstenmal einer Erzähltechnik, die sich für didaktische Zwecke besonders eignet: der Erzähler legt zuerst den Plan der Handlung dar und sagt dann nur kurz, es sei alles ausgeführt worden.[48] Auf solche Weise behandelt er die Vorbereitungen zum Turnier (1026ff.); sie sind allgemeingültig und liefern belehrende Auskunft. Dieselbe Erzähltechnik wird auch bei rein unterhaltenden Stellen in der Handlung angewandt.[49] Dieses Verfahren ist für Babendreier "eine exemplarische Ausgestaltung" der "verschiedenen, auf nominalistischen Einfluß hindeutenden Aspekte thematischer und formaler Art" im *Ring*; er meint, durch die Planung werde die Wirklichkeit "als Fest- und Vorgestelltes menschlichem Willen unterworfen."[50]

Fortsetzung des Minnedienstes (v. 1282-2622)

Der Erzähler präsentiert im letzten großen Abschnitt des ersten Teils zunächst eine Reihe von komisch-heiteren Szenen, in denen Bertschi als Liebesnarr seine wenig geschickten Abenteuer vollführt.[51] Die Verse sind bis auf eine kleine Zahl von lehrhaften Zeilen *schimpfes sag*. Längere lehrhafte Passagen beginnen erst mit der Minnelehre des Schreibers. In den zwei darauf folgenden Liebesbriefen des Schreibers und des Arztes beweist Wittenweiler wieder gründliche Kenntnisse der Rhetorik. Bis zu einem hohen Grade folgen die Briefe, vor allem der des Arztes, den rhetorischen Gepflogenheiten und den Anweisungen der Briefsteller.[52] Dem Leser wird vorgeführt, wie man einen Liebesbrief verfaßt. Außerdem erhält er in dem Brief des Arztes durch die Allegorie und ihre beigefügte ausgedehnte Auslegung eine Lehre über die wahre und die falsche Minne. Es ist ironisch, daß Bertschi den Inhalt dieses "Meisterwerks dichterischer Briefkunst" nicht versteht; für ihn wäre der Brief nach Mätzlis Diktat angemessen.[53]

Ironische Diskrepanzen werden in diesem Abschnitt immer wieder deutlich. So steht Bertschis stürmisches Liebeswerben im Kontrast zur Minnelehre des Schreibers. Man vergleiche des Schreibers Rat:

> Tantzens macht du pflegen vil,
> Dönens auf dem saitenspil,
> Dar zuo singens und auch springens,
> Sagens und auch anders dinges.
> Doch geschech daz mit der mass
> In dem haus und an der strass,
> Mit geleichsnen haimleich gar,
> Daz es nicht werd ze offenbar.   (1706ff.)

mit Bertschis lautem nächtlichen Ständchen:

> Über al daz bekk erschal,
> Daz es erchnal in perg und tal.   (1378f.)

Gunterfais Musizieren lockt alle Bewohner Lappenhausens auf die Straße. Von *tougen minne* ist Bertschi weit entfernt. Auch bei seinem Rendezvous im Kuhstall oder dem Sturz in Fritzos häuslichen Herd alarmiert er die Leute. Als weiteres Beispiel für ironischen Kontrast vergleiche man die vom Schreiber empfohlenen Liebesworte:

> Wie fröleich got was in dem muot,
> Do er im schuoff des menschen art,
> Sunderleichen euch so zart,
> In so rehter mass und geng
> An der chürtz und an der leng!
> Aus ewerm mundlein ein rubein
> Prinnet.   (1809ff.)

mit der Beschreibung der häßlichen Mätzli oder mit Bemerkungen über ihr Verhalten:

> Mätzli die was also lam,
> Das sei chaum zur stegen cham;
> Secht, do rumpelt sei hin ab
> Sam ein ander mülrad!   (1504ff.)

Auch der Ausruf des Erzählers: "Trun, Henreitze der was chluog!" (1874) erscheint im Rückblick ironisch, da Henritze zwar fähig ist, einen vorbildlichen Liebesbrief abzufassen, dieser aber der gegebenen Situation so wenig entspricht wie die vorausgehende Minnelehre, von der Bertschi selbst erkennt, daß sie mit seiner Lage nichts zu tun hat (vgl. 1840ff.). Der Kontrast zwischen dem hochstrebenden Stil der vorbildlichen Liebesbriefe und der keineswegs eleganten Handlung zeigt sich besonders anschaulich, wenn man liest, wie Chrippenchra die schmerzbringende Ankunft des an einen Stein gebundenen Briefes (1923ff.) parodistisch als das Heranfliegen einer wonnevollen Botschaft vom Himmel darstellt (2275ff.).

In der Verführungsszene parodiert der Erzähler Ausdrücke aus der beruflichen Tätigkeit eines Arztes (2146ff.). Der grobe Bauernbursch Triefnas spricht "die empfindsame Phrase":[54]

Ich wil nach dir verderben,
Nach dir so wil ich sterben. (1294f.)

Als er später sehnsuchtsvoll zu dem Speicher aufblickt, in dem Mätzli eingesperrt ist, denkt er: "Hailiger Christ! / Beschlossen prot, wie süess du pist!" (1558f.). Es liegt nahe, in Bertschis Worten eine Anlehnung an den Bibelspruch "aquae furtivae dulciores sunt et panis absconditus suavior" zu sehen.[55] In seiner Liebessehnsucht meint Bertschi den gedachten Ausruf als Bewunderung der eingeschlossenen Mätzli. Für einen Leser, der den biblischen Kontext des Verses kennt, wirken Bertschis Worte ironisch, denn sie kommen ursprünglich aus dem Munde der *mulier stulta et clamosa* (vgl. Prov. 9, 13-18). Diese steht an ihrem Hause und wendet sich mit dem Ausruf an Vorübergehende, um sie zu sich einzuladen. Da die törichte Mätzli später Bertschi zu sich einlädt, denkt er hier Worte, die in ihrer biblischen Bedeutung von Mätzli gesprochen werden sollten. Sieht man nun hinter Bertschis Worten einen Hinweis auf die *mulier stulta* und folglich auf eine *meretrix*, dann mögen sie auf des Arztes Vermutung: "Trun, du macht ein hüerrel sein" (2099) vorausdeuten.

Unter den rot markierten Passagen dieses Abschnitts nehmen Minnelehre und Brief des Schreibers und vor allem der Brief des Arztes den größten Raum ein. Henritzes Minnelehre enthält einmal Weisheiten—so etwa das Gebot der *tougen minne*—die bereits um 1200 Bestandteil der *ars amatoria* waren. Mit dem Kodex der höfischen Minne stimmt es dagegen nicht überein, daß er Gleichheit "an jugent und auch art" (1675) fordert und vor allem denjenigen warnt, "der ze höch im stigen wil" (1676). Eine Analogie zu der Beziehung zwischen einem Herrn und seinem Vasallen kann man für diese "rehte liebeschaft" (1680) nicht aufstellen.

Der Schreiber erwähnt die Ehe am Ende seiner Lehre. Das Thema wird nun nach Wittenweilers Prinzip der Motivwiederholung in dem Brief Chrippenchras noch einmal aufgegriffen und breit entfaltet. Maria, die "raineu mait" (2471), belehrt Mätzli im Traum über "die hailigen e" (2388). Dafür, daß Marias Lehre und nicht die der Frau Venus die richtige ist, gibt es zahlreiche Hinweise. Ein weißer Geist begleitet Maria auf ihrer rechten Seite, dagegen weilt ein schwarzer Geist links von Frau Venus. Während Venus eine Krone aus Glas trägt, ziert Maria eine dreifache Krone aus Eisen, Silber und Gold. Wittenweiler führt weitere deutliche Unterschiede auf. Außerdem läßt er den *paichtigär* den Traum auslegen. Wenn dabei sogar die Erscheinung des schwarzen und des weißen Geistes gedeutet wird, hat man den Eindruck, man lese eine Parodie auf allegorische Ausdeutungen. Allerdings gilt dies nicht für alles, was der Priester sagt. So ist die Deutung der vier Augen Marias keineswegs allgemein bekannt.[56] Dadurch, daß der Lehre ein negatives Gegenbild gegenübergestellt wird, wird sie besonders betont und einprägsam. Um dieselbe Methode handelt es sich bei dem wiederholten Nebeneinander der verfehlten und der vorbildlichen Liebesbriefe.[57]

Andere lehrhafte Stellen unterrichten hier über die sprichwörtliche Unbeständigkeit der Frauen (1548f.), über die Psychologie von Liebenden (1626f.) und das Wesen der Liebe (2075ff.), über die Notwendigkeit, lesen und schreiben zu lernen (1958ff.), über die Art der Fragen, die für eine medizinische Diagnose wichtig sind (2001ff.), auch über die Notwendigkeit, Freundlichkeit zu heucheln, solange man jemandes Hilfe brauche (1338ff.).

Dieser letzte Rat läßt sich anderen pragmatischen Anweisungen im *Ring* zuordnen. Dazu gehört ebenfalls Chrippenchras Belehrung über verschiedene Mittel, mit denen Mätzli Bertschi in der Hochzeitsnacht täuschen soll, damit sie ihre *er* behalte (2211ff.). Der Text liefert keine Anhaltspunkte dafür, daß der Leser diese Stellen nicht ernst nehmen sollte. Ebenso wirkt die Lehre über die Anzeichen von Mätzlis Schwangerschaft ernsthaft, wenn auch beim schnellen Auftreten der Symptome die Zeitverhältnisse verzerrt sind. Es ist dies nicht die einzige Stelle im *Ring*, an der die Wiedergabe von zeitlichen Abständen unrealistisch ist.[58]

Mit einer eigenen Auslegung und einem anschließenden bitteren Kommentar—von dem heiteren Ton zu Beginn des Erzählabschnitts ist an dieser Stelle nichts mehr zu spüren—versieht der Erzähler

Chrippenchras Gedanken über den Mangel an Treue und Keuschheit bei den Frauen (2101ff.). Der Erzähler tritt dabei hervor und spricht die Leser direkt an; somit verleiht er seiner mehrere Verse langen Lehre ganz besonderes Gewicht.

Es erübrigt sich, eine Erörterung anderer Erzählerkommentare dieses Abschnitts anzufügen, da sich keine neuen Einsichten ergeben. Man findet hier wieder rhetorische Fragen (z.B. 1308, 1370), Ausrufe (z.B. 1585f., 1953f.), Betonung einer außergewöhnlichen Situation (z.B. 1439, 1571) oder besondere Informationen für den Leser (z.B. 2045f., 2097ff.).

Die Leser fragen sich nach der Lektüre des gesamten ersten Teils, welche Stellung der Erzähler gegenüber der höfischen Tradition einnimmt. Sein indirektes Sprechen ist ein wichtiger Grund dafür, daß die Meinungen auseinandergehen. So sieht ein Interpret als Ziel der Parodie auf die höfische Dichtung, daß diese hier "zur Belustigung der Leser im grellen Licht eines neuen Tages präsentiert" werde, "in einem Licht, das unbarmherzig die frühere Traumherrlichkeit als staubigen Plunder zu enthüllen"[59] scheine, ein anderer meint, im *Ring* werde dem Rittertum "noch einmal eine späte Reverenz erwiesen. Die Geschicklichkeit der Ritter und die Festlichkeit der großen Turniere" erscheine "in um so hellerem Glanz, je jämmerlicher die bäuerlichen Toren an der hohen Kunst scheitern."[60] Eine weitere Meinung sei angeführt: im *Ring* trete uns "kein Häretiker der höfischen Kultur" entgegen, "auch kein Apologet," die Parodie einer Sache zeuge immer von ihrer Relevanz, enthülle andererseits ihre Lächerlichkeit. Hier sei "die Wichtigkeit der höfischen Sache" "mit Hilfe einer Teilentwertung durch Parodie" unterstrichen.[61]

Welche Hinweise gibt der Erzähler selbst? Es ist nicht von vornherein anzunehmen, daß er der höfischen Literatur—und den in ihr dargestellten Normen und Werten—mit Spott oder Kritik gegenübersteht, da man von mittelalterlichen Parodisten sagen kann, daß sie "mehr leichtfertig als schändlich mit Hohem und Heiligem" spielen und ihr Hohn "in der Regel nicht dem Literaturwerk, sondern dem Menschen, der Sache, auf die sie die fremde Form angewandt, umgeprägt haben," gilt.[62]

Als "ritter" (159) wird Neidhart vom Erzähler eingeführt. Beurteilt man nun Neidharts Verhalten nach den Maßstäben der höfischen Tradition, so ist er in der Tat "ein unritterlicher Kerl . . . der sich zu keinem Zeitpunkt seines Handelns an die Gesetze der ritterlichen Ethik gebunden fühlt," und kann daher "schwerlich idealer Vertreter der Ritter sein."[63] Es hat sich aber gezeigt, daß Neidharts Verhalten nirgends vom Erzähler kritisiert wird, daß Neidhart vielmehr zur

Partei des Erzählers und des Lesers gehört. Aus diesem Grund muß man annehmen, daß sich des Erzählers Auffassung von ritterlichem Verhalten durchaus von der Tradition unterscheidet. Die alten Werte und Normen werden nirgends direkt vom Erzähler verherrlicht. Sie bilden einen Bezugspunkt bei seinem indirekten Sprechen, den er nicht ausdrücklich als Ideal hervorhebt. Was seine *ler* über das *hofieren* angeht, so hat sich gezeigt, daß er wichtige Modifikationen und neue Anschauungen billigt. Ob sich nun hinter solchen Abänderungen und Neuerungen oder hinter dem ironischen oder dem parodistischen Vortrag eine Kritik des Erzählers verbirgt oder ob es sich hier allein um ein pragmatisches Denken handelt, das für veränderte Situationen andere Normen verlangt, ohne dabei das Vergangene zu werten, das ist für den Leser vom Text her nicht leicht zu entscheiden.

Ohne Schwierigkeiten läßt sich dagegen des Erzählers Haltung gegenüber den närrischen Bauern erkennen. Er kritisiert und verhöhnt ihr anmaßendes Verhalten, ihr närrisches Bestreben, es einer höheren Schicht nachzutun. Er identifiziert sich bereits im Prolog als Gegner dieser Narren, bemüht sich darum, daß der Leser sich ihm anschließe. Mit Hilfe von Parodie und Ironie weist er auf die Diskrepanz zwischen Wirklichkeit und Illusion.[64]

Wer sind nun diese Gegner des Erzählers? Handelt es sich hier wirklich nur um das allgemeine Narrentum, von dem der Prolog sprach? Gerade in der Turnierepisode gibt es, wie Bismark aufweist, "eine Reihe gewichtiger Belege, wo Wittenwiler die Lappenhauser Turnierer recht auffallend als Menschen von bäuerlicher Lebensweise kennzeichnet und lächerlich macht." Dazu gehören etwa die Wappen, die "zum großen Teil keine Narrensymbole, sondern Zeichen ehrlicher bäuerlicher Arbeit und Lebensweise darstellen." Ausführlich und überzeugend argumentiert Bismark, "daß es schwerlich möglich ist, das Fehlverhalten und Mißgeschick der Lappenhauser ohne standeskritische Folgerungen nur als Beispiele menschlicher Narrheit zu verstehen."[65] Von der Zeitgeschichte her erläutert Bismark, bei dem Spott über die Lappenhauser handle es sich einmal um Kritik an historischen Aufwärtsbestrebungen von Angehörigen des Bauernstandes, außerdem seien hier gewisse Angehörige des Adels—zum Beispiel verarmte Ritter—verhöhnt.[66]

Kapitel III
Zweiter Teil (v. 2623-6457)

Die Ehedebatte (v. 2623-3534)

Im Prolog wies der Erzähler darauf hin, daß dem zweiten Teil des Buches eine besondere Bedeutung zukomme. Er forderte vom Leser, diesen Teil als den besten anzusehen; hier erfahre er, wie er sich "an sel und leib und gen der welt" (23) verhalten solle. Dagegen wurden für den ersten und den letzten Teil begrenzte Lehrbereiche angekündigt. Es hat sich zwar bei der bisherigen Lektüre herausgestellt, daß die im Prolog verheißene Trennung zwischen den einzelnen Lehrgebieten nicht scharf durchgeführt wird—man sah im Erzählabschnitt über das Stechen und Turnieren einen nicht geringen Anteil an religiösen Lehren, die man erst im zweiten Teil erwartet hätte. Die Besonderheit des zweiten Teils ist aber trotz solcher Überschneidungen zu erkennen. Bereits seine stark vermehrte Anzahl an rot markierten Versen entspricht auf den ersten Blick dem angekündigten überragend lehrhaften Zweck. Bisweilen werden Lehren über eine solch lange Strecke hin verkündet, daß sie die Bauernhandlung in den Hintergrund verdrängen, der Leser somit auf begrenzte Zeit die Verzerrung vergißt und der Text ohne Unterbrechung ernst auf ihn wirkt.

Parodistische Verse findet man zunächst weniger häufig als bisher; erst mit dem Hochzeitsmahl stellt der Erzähler eine offensichtlich parodistische Szene dar. Deren didaktische Funktion wird von vornherein erklärt (4867ff.), der Leser erhält einen Hinweis auf Art und Ausmaß der Lehre. Auch die ironische Anwendung von Wörtern oder bekannten Ausdrücken ist hier seltener zu sehen; meist beziehen sich die ironischen Verkehrungen auf einen größeren Zusammenhang. Neu ist auch, daß der Erzähler sich nicht so oft direkt an die Leser wendet. Er tritt hinter die Personen zurück, läßt sie seine Kommentare übernehmen und beschränkt sich häufig auf die Namenangabe und eine kurze Charakterisierung des Sprechers. Die dargestellte Handlung besteht auf zahlreiche Seiten hin aus Gesprächen zwischen den Bauern; sie wirkt wegen der nur wenig spürbaren Gegenwart des Erzählers eher dramatisch als episch.[1]

Mehr als zuvor kommt es nun darauf an, größere Zusammenhänge zu untersuchen, um die Beziehungen zwischen Erzähler und Leserschaft aufzuweisen. Der erste Handlungsabschnitt, die Ehedebatte, ist in seiner Form, wie ausführlich nachgewiesen worden ist,[2] an einen Gerichtsprozeß angelehnt. Wenn man die nahe Beziehung zwischen Gerichtsrede und Rhetorik betrachtet,[3] erscheint es passend, daß man erneut einen Beweis für Wittenweilers rhetorische Schulung findet. So ist bereits Bertschis Einleitung der Debatte (2659-64) den Vorschriften der Rhetorik genau angepaßt.[4]

Bertschis Rolle erinnert hier, wie Mittler erörtert, an die eines mittelalterlichen Richters. Allerdings stimme des Bauernburschen Handhabung der Debatte nicht in allen Einzelheiten mit der Tätigkeit eines Richters überein, vor allem nicht am Ende, "denn bei der endgültigen Urteilsfindung wird er ganz übergangen, und die Parteien einigen sich auf einen Schiedsrichter."[5] Gerade da also, wo es darauf ankommt, ein Ergebnis der lebhaften Diskussion herauszustellen, erfüllt Bertschi seine Rolle nicht. Er zeigt dann, wie wenig Urteilsvermögen er besitzt, als er Henritzes Schiedsspruch ohne Bedenken auf seine eigene Situation anwendet, obwohl doch zumindest Mätzli die genannten Bedingungen gewiß nicht erfüllt. Was seine eigenen Zwecke angeht, scheint also Bertschis Bemühen als Richter umsonst gewesen zu sein.

Überhaupt ist für ihn die gesamte Debatte von vornherein sinnlos, da er seine Entscheidung bereits getroffen hat, wie er wiederholt deutlich ausspricht (2625ff., 2659ff.), und somit die Frage, ob er heiraten solle oder nicht, belanglos ist. Obwohl Farindkuo ihn hierauf aufmerksam macht, drängt er weiterhin zur Diskussion. Einmal wird diese also unter den falschen Bedingungen gehalten, darüber hinaus wird sie vom Schreiber wegen Verstößen gegen die Form als verfehlt betrachtet. Henritze erklärt seinen Dorfgenossen, sie seien deswegen zu keinem Ergebnis gekommen, weil sie im Stehen disputiert hätten. Außerdem weist er sie darauf hin:

Ir̊ habt gereimet und geticht:
Chluogeu sach wil reimens nicht;
Wer mag ein disputieren
Mit gmessner red florieren? (3519ff.)

Des Schreibers Vorwurf, man habe gestanden, anstatt zu sitzen, ist insofern berechtigt, als die Form der Szene einer Gerichtsverhandlung angenähert ist und bei der mittelalterlichen Rechtsprechung vorgeschrieben war, man sollte sitzend zu einem Urteil gelangen.[6] Indem Henritze die streitenden Parteien auf ihren Fehler aufmerksam macht, weist er gleichzeitig darauf hin, daß er die vorangehenden Argumente ignorieren darf, "da jeder Formfehler beim volksrechtlichen Verfahren die Ungültigkeit zur Folge hatte."[7]

Auch die Rüge, man hätte nicht reimen sollen, bedeutet mehr als einen überraschenden Einfall Wittenweilers. Die Meinung, nur die Prosa vermöge "den wirklichen Kern einer Sache sprachlich zu erfassen und deren Ernst und Wichtigkeit Genüge zu tun" ist nämlich in der Zeit nicht neu; sie wird vor allem von den Geistlichen vertreten.[8] Henritzes Verweis beruht also einerseits auf einer durchaus ernstzunehmenden Grundlage, und der Autor scheint ihn zu bekräftigen, indem er das Schiedsurteil dann in der Tat in Prosa folgen läßt.

Wenn nun aber wirklich gelten soll, daß nur die Prosa die richtige Form ist, eine "chluogeu sach" und ein "disputieren" wiederzugeben, dann wäre für weitere Stellen im Ring—wie etwa die Beratungen vor dem Ausbruch des Krieges—ebenfalls Prosa zu fordern.[9] Da der Erzähler sich aber bis zum Ende des Epos der Reimform bedient (ausgenommen sind die religiösen Texte nach v. 3817 und v. 4081), nimmt er selbst offensichtlich Henritzes Verweis nicht ernst. Mit Henritzes Kritik mag er in ironischem Spiel sein eigenes Reimen kritisieren und dadurch ein paradoxes allgemeineres Mißtrauen des Autor-Juristen gegenüber allem Versemachen verraten. Man erinnere sich, daß der Erzähler seine Rolle zunächst mehr als Rhetor denn als Dichter bildete, daß er sich selbst nie als Dichter bezeichnet. Den Titel findet man nur einmal im Ring, und zwar wird er vom Erzähler in grober ironischer Verkehrung auf Bertschi angewandt, als dieser gerade seinen wenig kunstvollen Liebesbrief verfaßt hat (1876). Daß auch das Verb *tichten* im gesamten Werk nur in ironischer Bedeutung vorkommt,[10] scheint auf eine problematische Einstellung zur gebundenen Form zu deuten. Genauer bestimmen kann man diese Einstellung nicht; das Schweben der Ironie erlaubt es dem Erzähler, uns eine eindeutigere Stellungnahme schuldig zu bleiben. Später wird man sehen, wie dieses Problem noch weiter kompliziert wird, da der Erzähler auch die Prosa des Schreibers ironisiert.

Bei der Frage, ob der Erzähler den Ehebefürwortern oder den Ehegegnern recht gebe, stößt man auf Schwierigkeiten. Fast alle Kritiker haben dargelegt, es gebe keine Entscheidung des Erzählers oder Autors in der Debatte.[11] Es sieht zwar zunächst so aus, als entscheide sich der Erzähler zugunsten der Ehe, da er Laichdenman, die das Heiraten befürwortet, den Ehegegner Colman in der Debatte besiegen läßt.[12] Eine genauere Untersuchung der Zusammenhänge zeigt allerdings, wie problematisch dieser Sieg ist.

Colman spricht in seinem Zugeständnis, er sei geschlagen, Zweifel darüber aus, wie es zu seiner Niederlage gekommen sei:

> Dis muoss der tiefel geben
> Oder got mit sinem segen,
> Daz ein weib zuo disen stunden
> So gentzleich hat mich überwunden
> An bschaidenhait und an der gschrift. (3421ff.)

Der Leser erinnert sich hier an eine frühere Stelle der Debatte, wo Ofenstek Fina vorwirft, der Teufel habe sie ihre *sophistrei* (3000) gelehrt, und sofort darauf ihrem Argument ein treffendes Gegenargument folgen läßt. Da Colman die Möglichkeit erwähnt, der Teufel könne Laichdenman zum Siege verholfen haben, ist sein Eingeständnis wohl nicht als ernsthafte Kapitulation anzusehen, zumal er während der Debatte häufig ironische Bemerkungen macht.[13] So spricht er am Anfang allen Leuten Intelligenz und gutes Urteil zu, nennt dagegen seinen eigenen Beitrag zur Debatte *kindelred* (3082). Auf der einen Seite bezeichnet er mit diesem Ausdruck den Inhalt seiner folgenden Rede, zum anderen gibt er damit mangelndes Verständnis vor. Daß er jedoch keineswegs den anderen an Wissen und Urteilskraft nachsteht, beweist er mit seinen Argumenten. Außerdem deutet er, der "grawe man" (3069), von vornherein auf die Ironie in seiner Behauptung von der *kindelred*, indem er dem Alter allgemein Weisheit zuspricht (3071f.). Der Erzähler liefert einen Hinweis auf Colmans Intelligenz, als er ihn mit der Bemerkung einführt, er spreche "aus chluogem sin" (3055).[14]

Als Colman von Laichdenman mit keifenden, bissigen Worten beleidigt worden ist, redet er sie an als "fraw von hoher list" (3205) und bittet sie, sie möge ihn belehren. Man nimmt seine Worte kaum ernst, besonders auch deswegen nicht, weil er sich darauf keineswegs ohne weiteres belehren läßt und wieder in die Diskussion eingreift. Als Laichdenman ihn erneut attackiert, stellt er sich noch einmal hilflos:

> Ich zweiveln in der vinster ler:
> Helft mir, fraw, durch ewer er! (3277f.)

Man kann auch dies nicht wörtlich verstehen, denn Colman ist recht gut informiert; seine Hilflosigkeit ist nur Vortäuschung. Daß er zu Täuschungen fähig ist, deckt Laichdenman auf, als sie ihn durch erneutes Fragen nach seinem angeblichen Hustenanfall zum Sprechen bringen will, aber nur eine kurze Antwort von ihm bekommt. Es scheint also wirklich, als habe Colman nur nach einer Möglichkeit gesucht, sich der Diskussion zu entziehen.

Schon zu Anfang hat er seinen Widerwillen gegen das Reden erklärt, nimmt dann zwar auf Bertschis Anregung an der Debatte teil, sucht aber erneut nach Gelegenheiten, sich zurückzuziehen. Sein vorgetäuschter Husten, seine Bitte um Belehrung, seine angebliche Hilflosigkeit lassen sich so erklären. Seine Kapitulation gegenüber Laichdenmans letztem Redeschwall mag für ihn nicht mehr bedeuten als eine Möglichkeit, das Thema zu beenden, wenn es ihm schon vorher nicht gelungen ist, sich aus der Diskussion zurückzuziehen. Daß er bei seinem letzten Argument auf Mätzli zu sprechen kommt, ist geschickt, denn ihre Mängel sollte jeder kennen, und die Debatte sollte damit ein Ende haben. Als seine Worte nur auf heftige Widerrede stoßen, schweigt er einfach. Sein Bemühen, sich dem erhitzten Wortwechsel fernzuhalten, mag auf seinem Wissen von dem Widersinn der Debatte beruhen. Es wäre dann kein Zufall, daß er nach der Verkündung des Urteils als einziger so schnell zum Gratulieren an der Stelle ist wie Farindkuo, der noch vor Beginn der Debatte erkannte, wie nutzlos sie sein werde, und Bertschi kurzweg riet: "Tuo ein dink, daz wesen muoss" (2671).[15]

Man kann außerdem daraus, daß Laichdenman sich für die Ehe eingesetzt hat, keine deutliche Entscheidung Wittenweilers ablesen. Laichdenmans Argumente sind bisweilen wenig überzeugend. So klingen etwa die beiden Glossen zur Geburt des Judas in der Tat recht spitzfindig. Sollte sich herausstellen, daß diese Glossen wirklich nicht nachzuweisen sind,[16] daß sie Laichdenman also zu ihrem eigenen Zweck erfunden hat, so würde sich dadurch anstelle einer entschiedenen eine ironische Haltung des Erzählers andeuten: Laichdenman behält zwar das letzte Wort, aber sie hat Colman nicht wirklich geschlagen, da sie mit zweifelhaften Argumenten operiert hat.

Ironie liegt in der Methode, wie bei der Debatte die Frage nach der Natur der Frau abgehandelt wird. Sie wird eingeleitet durch Snellagödilis Behauptung:

Wiss, das besser ist ze sterben
Dann ein böses weib erwerben. (2755f.)

Bei dem anschließenden Disputieren beweisen die Debattierenden allerlei *sophistrei*, indem sie, wie Gaier zusammenfaßt, zwar jedes Argument auf das vorhergehende aufbauen, dieses allerdings so verändern, daß es ihnen jeweils möglich wird, ihren Vorgänger zu widerlegen.[17] Sieht man nun wie Gaier als inhaltliches Ergebnis dieses Disputierens die Feststellung, die gute Frau könne ihre angeborene triebhafte Natur verändern, so wird allerdings dieses Resultat wenn nicht bereits durch die Methode, mit der es gewonnen wurde, dann dadurch zweifelhaft, daß eine solche Frau in Wittenweilers Welt gar nicht existiert.

So wie er nämlich *der welte lauff* darstellt, gibt es unter dem gesamten Geschlecht der Frauen keine einzige, die die Forderung, *weis und from* zu sein (Schreiberurteil, Zeile 11), erfüllt. Während bei den Männern neben zahlreichen törichten Bauern durchaus mehrere Personén positiv gezeichnet sind—man denke etwa an Strudel oder den *amman von Costentz*[18]—sind die Frauen schlechthin triebgerichtet und gefährlich.

Die Triebhaftigkeit Mätzlis ist offenkundig und bleibt während des Geschehens unverändert, wie sich bei der Begegnung mit Chrippenchra und in der Hochzeitsnacht zeigt. Weder ihrem Aussehen noch ihrem Benehmen verleiht der Erzähler positive Züge. Daß sie nicht dumm ist, macht sie kaum liebenswerter, denn ihre Schläue dient nur ihrem eigenen Vorteil—so etwa, wenn sie Chrippenchras Lehre geschickt anwendet und Bertschi in der Hochzeitsnacht erfolgreich täuscht.[19]

Auch von Laichdenman kann man kaum behaupten, sie besitze keine Intelligenz. Im Gegenteil ist sie gut informiert, weiß sogar in der Astrologie Bescheid und versteht es hervorragend, mit Worten zu fechten. Bei der Debatte erteilt sie ihrem Gegner wiederholt eine vernichtende Abfuhr und greift ihn ohne wirkliche Herausforderung mit großer Boshaftigkeit an. Wie gefährlich sie ist, beweist ihre Rachsucht am Ende des Epos. Gefährlich ist ebenso die widerliche Hexe Hächel, über der ein Zauber liegt; man kann sie nur dadurch überwinden, daß man sie von hinten einfängt. Sie wird so getötet, "sam man noch den füchsen tuot" (8844). Wenn Saichinkruog lehrt, der Mann solle die Frau halten "sam den fuchs im sak" (5082), so erweckt das parallele Bild vom Fuchsfang die Vorstellung, jede Frau habe etwas Hexenhaftes an sich. Die Vergleiche mit einem Fuchs heben darüber hinaus die Schläue der Frau hervor.[20]

Bei der Ehedebatte sind die Frauen übereifrig und weit aggressiver als die Männer. Beim *stechen und turnieren* benehmen sich die weiblichen Zuschauer pöbelhaft. Eine von ihnen stürzt sich nach den Kämpfen sogar "von lachen und von chützen" (1215) zu Tode. Der Erzähler kommentiert lakonisch und mit Abstand, sie sei so sehr gestürzt,

Daz ir die sel nit bleiben wolt
Und fuor do hin, daz faren scholt. (1218f.)

Nicht nur Mätzlis triebhaftes Verhalten wird betont, auch bei anderen Frauen hebt der Erzähler gerade diesen Zug hervor. So heißt es etwa von der alten *zementragerin* (2599):

Und mocht man nicht gevaren bas,
So viel sei selber in daz gras. (2569f.)

Man betrachte in diesem Zusammenhang auch das Verhalten der Nissingerinnen während der Hochzeitsnacht (vgl. v. 7088ff.). Es scheint, als ob bei den Frauen allgemein Triebhaftigkeit zu erwarten sei; so könnte man die spottenden Worte des Pfarrers gegenüber Geri erklären (vgl. v. 1152ff.). Der Erzähler unterstützt augenscheinlich diese ohne wirklichen Grund ausgesprochene Verhöhnung, indem er die Verse mit der roten Farbe markiert. Der Beweis für seine äußerst negative Meinung von den Frauen ist sein besonders hervorgehobener Kommentar zu Chrippenchras Gedanken über Mätzli. Er spricht darin als eigene Meinung aus, was er sonst durch die Zeichnung der Frauen oder durch die Aussagen verschiedener männlicher *personae* klarmacht:

Frawen trew der ist nicht vil;
Frawen unkeusch ist ein vinden,
Den chain roch mag überwinden. (2106ff.)

Mätzli wird hier, da sie den Anlaß zu dieser pessimistischen Bemerkung bietet, zur Stellvertreterin des gesamten Frauentums.[21] Der Erzähler fährt fort, indem er nun die Frauen mit der Untreue, Unbeständigkeit und Sünde der Welt verbindet:

Waz sag ich euch? Es ist nicht new,
Wie smal sei aller werlten trew
Und dar zuo churtz ir stätichait,
Ir sünde michel und auch prait. (2109ff.)

Man erkennt das im Mittelalter verbreitete Motiv von der wandelbaren und betrügerischen Frau Welt wieder. Während diese jedoch von anderen mit einem gefälligen Äußeren oder zumindest mit einem angenehmen Vorderanblick dargestellt wird,[22] ist Mätzli ungeheuer häßlich, und bei keiner der Frauen im Epos hört man etwas von einem schönen Aussehen. Es mag bezeichnend sein, daß Wittenweiler das Idealbild eines schönen Mannes aufstellt (vgl. v. 3650 ff.), das Bild einer schönen Frau jedoch nur im Zerrspiegel der Parodie zeigt.[23] Das an sich unanfechtbare Schreiberurteil wird also durch den Erzähler innerhalb des gesamten Epos insofern ironisiert, als er Henritzes vorschriftsmäßige Prosa als nicht mehr denn schön verklausulierte Theorie hinstellt: in der Praxis scheint es unmöglich, eine Gefährtin zu finden, die *weis und from* sei.[24]

Mit Henritze wählt der Erzähler eine geeignete Person für die

Verkündung des Urteils. Schon vorher bewies der Schreiber, wie wenig Sinn er für die praktische Seite einer Situation hat, als er Bertschi die langatmige Minnelehre vortrug, anstatt ihm gleich tatkräftig zu helfen. Auch bei der folgenden Brautwerbung ist es nicht Henritze, sondern Rüerenmost, der die Situation durchschaut und darauf Wort für Wort vorspricht, was Henritze zu Fritz sagen soll. Da sich nun herausstellt, daß Henritzes Prosaurteil problematisch ist, ist man geneigt, auch seine Kritik an der gebundenen Form erneut zu überprüfen. Was die besprochene Nähe der Ehedebatte zu einem Gerichtsverfahren angeht, könnte man hinter Henritzes Kritik am Stehenbleiben eine andere höhnende Kritik des Erzählers an den strengen Formvorschriften bei einem Gerichtsprozeß erkennen: die richtige Form allein gewährt kein einwandfreies Urteil. In bezug auf das didaktische Erzählwerk könnte gelten, daß die Form—ob gereimt oder ungereimt—keinerlei Garantie für den Inhalt bietet.

Nur selten wird man während der Ehedebatte durch Kommentare an die Gegenwart des Erzählers erinnert. Er korrigiert seine Einführung der Debattierenden, indem er über den alten Colman sagt: "Den scholt ich vor genennet han" (2638). Diese Bemerkung erweist sich als Vorausdeutung auf den späteren Streit um die Reihenfolge der Sprecher. An anderer Stelle zerstört er durch Laichdenmans Bemerkung, es wäre noch viel über ihr Thema zu sagen, "wurd daz püechel nicht ze swär" (3484), die Illusion des Lesers und erinnert ihn, daß es sich hier um ein schriftliches Erzählwerk handelt. Einen direkten Kommentar darüber, ob er auf der Seite der Ehebefürworter oder der Ehegegner stehe, liefert der Erzähler nicht.

Auch die Verteilung der Initialenlinien bietet hierüber keinen Aufschluß, da sowohl die Argumente für wie die gegen die Ehe rot gekennzeichnet sind. Die grüne Linie markiert in diesem Abschnitt nur die Einführung der Personen, Bertschis fälschliche Anwendung des Schreiberurteils und die Gratulation Farindkuos. Wegen seiner Frauenfeindlichkeit scheint der Erzähler allerdings auf der Seite der Ehegegner zu stehen. Eine Erörterung derselben Frage ist viel klarer etwa bei Albrecht von Eyb dargestellt, der bereits in seiner Disposition ankündigt, er werde nach der Betrachtung des Für und Wider die Frage positiv beantworten, und dieses Ergebnis dann auch ohne ironische oder parodistische Bemerkungen später niederschreibt.

Gezeigt wird, wie schwierig es ist, zu einem eindeutigen Ergebnis zu kommen. Einen Grund für diese Schwierigkeit sieht Babendreier darin, daß die Debattierenden sich nicht auf Bertschis spezifischen Fall beschränken. "Weil für nominalistisches Denken jedes Ding eo ipso ein Einzelnes ist und nur die res singulares, nicht aber die lediglich als Produkt unseres Denkens angesehenen Allgemeinvorstellungen Realität besitzt, ist die den Vorrang des Individuellen zugunsten allgemeiner Fragen leugnende Ehedebatte gescheitert." Dem stellt Babendreier das Urteil Henritzes gegenüber, der "das auf den Einzelfall ausgerichtete Besondere in den Vordergrund seiner Urteilsfindung" stelle.[25] Es bleibt aber festzuhalten, daß trotz dieses Bezugs auf den Einzelfall das Urteil des buchgelehrten Henritze problematisch ist.[26]

Belehrungen vor Bertschis Hochzeit (v. 3535-5214)

An Anzahl und Verschiedenartigkeit der Lehren über das Thema,

> Wie ein man sich halten schol
> An sel und leib und gen der welt, (22f.)

überragt dieser Erzählabschnitt alle anderen. Es handelt sich bei dem Text fast nur um vorgetragene Unterweisungen. Inhaltlich sind diese so weitgreifend, wie das die Prologverse ankündigen: sie enthalten eine Gesundheitslehre, ein Laiendoktrinal, eine Tugendlehre und eine Haushaltslehre neben zahlreichen anderen didaktischen Versen etwa über das vorbildliche Verhalten eines Schülers oder das vorbildliche Verhalten und Aussehen eines Ehemannes. Viele dieser Lehren bieten dem Leser weder Schwierigkeiten noch Überraschungen, da sie klar vorgetragen sind, außerdem mit dem allgemeinen Lehrgut aus Wittenweilers Zeit übereinstimmen. Probleme ergeben sich wieder dann, wenn man im Text auf Widersprüche stößt, die der Autor ungelöst stehen läßt.

So ist zunächst bei der Diskussion über den idealen Ehemann kein eindeutiges Ergebnis zu erkennen. Es wird dargestellt, wie dieser Partner aussehen, welche charakterlichen Eigenschaften er haben soll. Jedoch weist Frau Leugafruo unverzüglich darauf hin, die Forderungen seien nicht nur für den Bauernburschen Bertschi, sondern im allgemeinen zu hoch und zu weit gegriffen, denn, so bestätigt sie unter anderem,

> Dhain weltleichs mensch ward nie so rain,
> Es hunch an einem überpain. (3723f.)

Der Lehre über das Ideal steht die Einschränkung, ebenfalls mit der roten Farbe als Lehre markiert, gegenüber. Wie die idealen Vorschriften im einzelnen modifiziert werden sollten, erörtert Leugafruo nicht.

Sie erklärt nur, sie sei bereit, Bertschis Faulheit und die übergroße Bildung seines Mundes als Abweichungen von der Norm zu akzeptieren. Die hier beschriebene äußere Erscheinung des idealen Ehemannes stimmt weitgehend überein mit dem männlichen Schönheitsideal der höfischen Literatur und gewinnt als Lehre durch diese Traditionsverbundenheit besonderes Gewicht; aber auch Leugafruo beruft sich auf eine Tradition, indem sie ihr Argument auf Sprichwörter aufbaut.[27] Somit ist die Lehre über das höfische männliche Schönheitsideal im *Ring* nicht mehr als absolut verbindlich dargestellt. Entsprechend kann man dann von hier aus die Lehre über das höfische Frauenschönheitsideal beurteilen, über die man zu Beginn der *narratio* nicht genau bestimmen konnte, inwieweit sie gültig war, da sie in parodistischer Verzerrung vorgetragen wurde.

In bezug auf die Vorstellung des idealen Mannes liefert der Erzähler durch Lehrvorträge anderer Personen verschiedene Hinweise, wie sich die Forderungen Ochsenchropfs, Lärenchopfs und Füllenmagens der Realität anpassen lassen. So erkennt man später etwa, daß die absolute Forderung, dem Mann solle der Wein "underchant" sein (3691), modifiziert wird: in Lastersaks Schülerlehre heißt es, Wein sei "mit fuog" zu genießen (3910), und derselbe Rat wird von Straub in seiner Gesundheitslehre wiederholt (vgl. v. 4322ff.), ebenso von Übelgsmach in der Tugendlehre (vgl. v. 4939ff.). Der Leser muß die nicht übereinstimmenden Lehren miteinander verbinden.

Lärenchopf fordert, daß der Mann "reden künn und doch nicht liegen / Noch den freunt mit listen triegen" (3689f.). Diese Lehre wird in der Beichtformel bestätigt, wo *liegen* und *triegen* als Sünden aufgeführt sind (Beichtformel, Zeile 23). Dagegen wird Bertschis trügerisches Verhalten seinen beratenden Freunden und Verwandten gegenüber am Ende dieses Abschnitts vom Erzähler mit roter Farbe als vorbildlich markiert:

Triefnass andacht die was gross
Gen seines lieben Mätzleins schoss
Und tett recht sam fuchs Rainhart,
Der umb die faissen hennen warb,
Und verhiess pei seinem aid,
Ze allen dingen sein berait,
Die ein fromer, weiser knecht
Laisten scholt und tuon von recht. (5207ff.)

Bereits beim "stechen und turnieren" wurde trügerische List empfohlen. In der Tugendlehre erfährt man, man solle seinen Mantel nach dem Wind hängen (4514ff.). Gleich danach lehrt Übelgsmach ganz unverblümt:

> geleich dich einem man,
> Der dir mit worten gleisnen chan!
> Hie pei merke und derkenn,
> Wie man list mit listen temm!
> Dar zuo so dank betrogenleich
> Einem, der unwillechleich
> Gabet dir und dienet wol!
> So hat er, das er haben schol. (4522ff.)

Weiterhin rät er:

> Wo die toren bessers habend,
> Da scholt du dich ze narren machen
> Listechleich an allen sachen. (4535ff.)

Der Lehre Lärenchopfs stehen somit Verse entgegen, in denen es heißt, daß lügenhaftes Verhalten dann ratsam ist, wenn es auf den eigenen Vorteil ankommt.

Mit weiteren Widersprüchen muß sich der Leser bei den Lehren dieses Abschnitts auseinandersetzen. Übelgsmach rät:

> Haubt gen haubt und fuoss gen fuoss:
> Sich, daz ist die rechtisch puoss! (4586f.)

Wenige Verse später jedoch widerspricht er sich selbst:

> Kain urtail schol gevallen dir,
> Die nicht enhat derbärmd in ir. (4602f.)

Er löst diesen Gegensatz nicht auf; es verwundert den Leser nur noch mehr, den folgenden Zusatz zu sehen:

> Dennocht macht genade tuon,
> Umb frid ze haben oder suon,
> Einem, der joch schuldig wär,
> Ist er an der macht ze swär. (4612ff.)

Hinter diesem letzten Ausspruch liegt eine extrem pragmatische Auffassung von Gerechtigkeit, die derselben Haltung entspringt wie etwa der Rat, man solle seinen Mantel nach dem Wind hängen.

Ein Gegensatz besteht auch zwischen der Weltoffenheit der meisten Unterweisungen und den weltabgewandten Mahnungen in Lastersaks *memento mori* Lehre (4098ff.). Im Vergleich mit der gesamten religiösen Lehre Lastersaks ist Übelgsmachs Tugendlehre beträchtlich länger und auch viel sorgfältiger und systematischer aufgebaut. Inwiefern die Tugendlehre zu Lastersaks und den anderen vorangehenden Belehrungen dieses Abschnitts einen Gegensatz darstellt, kennzeichnet Richteinschand:

> Noch han ich nichtz vernomen,
> Dann daz ein münche möcht gefromen.
> Der chnecht wil unser muomen haben
> Und sich mit diser welt betragen;
> Dar umb so ziment seiner jugent
> Guot gepärd und ander tugend. (4404ff.)

Bei einem Überblick über alle im *Ring* verkündeten Lehren fällt auf, daß den Unterweisungen über ein tätiges Leben *in* der Welt der weitaus größte Raum zukommt. Viel stärker als seine zeitlichen und räumlichen Nachbarn Konrad von Ammenhausen und der Verfasser von *Des Teufels Netz* betont Wittenweiler, wie Hubert Hoffmann zeigt, das Diesseits im Verhältnis zum Jenseits. Während in *Des Teufels Netz* die Bereiche von Tugend und Glauben stark ineinandergriffen und bei Konrad von Ammenhausen die Tugenden zur praktischen Ausübung des Glaubens gehörten, trenne Wittenweiler Sittlichkeit und Glauben, Säkulares und Geistliches und erreiche "eine irdisch-reale Position."[28]

Wenn man von Wittenweilers Lehren allgemein feststellt, daß sie "progressiv" sind und eine für ihre Zeit neue "Tendenz zur Verweltlichung" enthalten,[29] dann paßt die *memento mori* Lehre wenig in das gesamte Lehrgebäude. Das wird durch Widersprüche in Einzelheiten besonders deutlich. Lastersak mahnt:

> Wiss, daz du von ertreich pist,
> Ze ertreich wirst in chlainer frist!
> Dar umb so acht pei gsunthait,
> Daz du ze sterben seist berait!
> Won nichtz ist gwisser todes schlund,
> Nichtz ungewisser seiner stund. (4166ff.)

Dagegen kennt Übelgsmach keine sorgenden Gedanken um den Tod: "Fürchst den tod, so bist ein chind" (4779). An die überwiegende diesseitige Tendenz der Lehren wird man sich am Ende des Epos erinnern müssen. Dort wird sich zeigen, daß Bertschis Entschluß, aus der Welt zu fliehen, zu der Mehrzahl der Belehrungen, die man ihm vor seiner Hochzeit erteilte, in auffälligem Gegensatz steht.

Einige Lehren dieses Abschnitts passen sehr wenig in das Gefüge der Bauernhandlung. Bauern vom Schlag der Lappenhauser haben kaum eine Verwendung für eine Lehre über das Studieren (3864ff.), für Unterweisungen, die eigentlich Stadtbewohner angehen (vgl. v. 5101ff., 5189ff.) oder für irgendeine Lehre über das Leben am Hof (vgl. v. 4852ff., die parodistische Tischzucht v. 5541ff.). Als Richteinschand Übelgsmach bittet, er möge Bertschi *hofzucht* (4854) lehren, erhält sie zur Antwort, er könne diese Lehre entweder dadurch erhalten, daß er sich an den Hof begebe oder durch die Umkehrung grober Sitten in ihr Gegenteil—etwa bei seiner *hochzeit*, denn:

> Wer ein hofman werden wil,
> Der hab einn pauren in dem sinn
> Und, wes der gpäurisch im beginn,
> So tuo daz widerwärtich schier:
> Des wirt er hofleich und gezier. (4862ff.)

Diesem "Hof-Exkurs" des Übelgsmach mißt Bismark eine große Bedeutung zu, wenn er "die enge und vielfältige Beziehung des *Ring* zum Ideal und zur Welt des Hofmannes" untersucht. Er kommt bei seiner ausführlichen Argumentation zu dem Ergebnis, daß der *Ring*autor sich nicht nur an Bürger wende, wie das verschiedentlich in der Forschung angenommen wurde, sondern auch an den Adel, daß in bezug auf die Lehren "das Werk zu einem wesentlichen Teil an die Adresse des Adels gerichtet" ist. Mit der Gegenüberstellung *gpaurhofman* betont Bismark die Aspekte der Sozialsatire gegenüber denen der Moralsatire, die er aber durchaus auch erkennt; so sieht er bei dem Bauern "Schwächen und Laster, die in allen sozialen Schichten vorkommen können."[30]

Obwohl die Schülerlehre mit Bertschis Leben und besonders mit seiner gegenwärtigen Situation kaum etwas zu tun hat (vgl. besonders v. 3872ff.), muß er sie über sich ergehen lassen, da seine Verwandten und Freunde auf einer ausführlichen Belehrung bestehen. Bertschi erklärt von vornherein:

> Mich deuchti guot,
> Es gäbt mir Mätzen zuo der ee;
> Ich tät ir wol und dannocht me. (3801ff.)

Wie wenig Geduld er für die Belehrung übrig hat, zeigt sich schon daran, daß er gleich bereit ist, jegliche Bedingungen seiner Lehrer zu erfüllen: "Ich tuon alles, das man schol" (3809), auch vielleicht daran, daß er die Ironie in Fritz' Lob nicht erkennt (3819ff.), weiterhin etwa in der unmittelbaren Wiederholung der Bitte um Mätzlis Hand nach dem Aufsagen der Gebete (3822f.).

Daß eine Ehedebatte für Bertschi von vornherein sinnlos war, lag an ihm selbst. Er hatte erst nach seinem unumstößlichen Entschluß um

Rat gebeten. Wenn nun auch die Belehrung ihren Zweck nicht erfüllt, ist das Bertschis "Lehrern" zuzuschreiben, die hier wenig didaktisches Geschick beweisen. Sie drängen dem jungen Mann die Belehrung auf; sie bemühen sich nicht sonderlich um seine Sympathie und Aufmerksamkeit; sie bieten ihm in ihren Vorträgen nichts anderes als trockene Theorie.

Man kann diese Szene als anschauliches Beispiel dafür, wie man nicht lehren soll, betrachten. Der *magister ludens* folgt anderen Methoden. Er legt von vornherein fest, daß er keinerlei Zwang ausüben will, wenn er seinem Publikum im Prolog freistellt, das gesamte Epos einfach als "mär" zu betrachten. Des Lesers Aufmerksamkeit versucht er ständig wachzuhalten—durch die Mischung von spröder Lehre mit unterhaltender Handlung, durch erheiternde Komik, durch ironische und parodistische Verkehrungen, dadurch, daß er ihn auf Gegensätze und Widersprüche hinweist, oder von Zeit zu Zeit auch dadurch, daß er ihn irreführt. In diesem Abschnitt sind die Gegensätze bisweilen sehr augenfällig, so zum Beispiel in dieser ironischen Gegenüberstellung von *tugend* und *laster*:

"Dar umb ich ewer tugend pitt:
Sagt mir, herr, zuo diser frist
All die kunst, die iendert ist!"
Lastersak do lachent wart. (3929ff.)

Die Namen der Lehrer Lastersak, Übelgsmach und Saichinkruog stehen zu dem Inhalt ihrer Vorträge in komischem Kontrast.

Einen sehr auffälligen Widerspruch findet man in der farblichen Markierung der drei Gebete und der Beichtformel. Dem ernsten Inhalt der Verse entsprechend, würde man die rote Initialenlinie erwarten, dagegen sind sie fast durchweg grün markiert, haben aber rote Eingangsinitialen, die "überdies jeweils etwas größer als sonst" sind. Es sieht in der Tat so aus, als sei diese Farbverteilung "eher planvoll als zufällig," und man weist wohl mit Recht die Annahme zurück, es handle sich um einen Fehler des Miniators, zumal man bei solch bekannten Texten ein sehr grobes Versehen voraussetzen müßte.[31] Ausführlich referiert Funke die Kommentare verschiedener Forscher zu dieser problematischen Farbverteilung. Er selbst hält die folgende Deutung, bei der er die Thesen anderer Interpreten teilweise berücksichtigt, für möglich: die Grünmarkierung könnte ein Hinweis sein, daß der Vortrag der katechetischen Stücke handlungsbedingt sei und somit zum "törpelleben" gehöre, die roten Eingangsinitialen sollten dagegen darauf aufmerksam machen, daß es sich hier um ernstzunehmende christliche Texte handle.[32]

Einen spezifischen Grund für die grünen Initialenlinien liefert Boesch. Die grüne Markierung der Texte, meint er, sei "eine Anweisung an den Leser oder Vorleser, sie in der laien- und schülerhaften Diktion eines Bauern aufzufassen bzw. herabzuleiern, der seinen Katechismus zwar auswendig gelernt hat, ohne viel davon zu verstehen."[33] Es bleibt aber zu fragen, warum der Erzähler es für notwendig hält, dem Leser die vollständigen Texte zu bieten. Wenn diese Texte in der Tat bei jedem Lesefähigen als gründlich bekannt vorausgesetzt werden konnten und selbst von einem "einfeltigen" Menschen verlangt wurde, diese "zu wissen, zu kunnen und zu halten,"[34] dann ist es befremdend, daß der Erzähler hier nicht wenigstens teilweise zusammenfassend über Bertschis Prüfung unterrichtet, sondern für den Hinweis auf das dem Leser nicht unbekannte begrenzte religiöse Verständnis des Narrenbauern von "got, der häw und stro geschaffen hat" den vollen Wortlaut aller Texte benötigt.

Bertschis Aufsagen der Gebete sei deswegen tölpelhaft, erklärt Wittmann, weil er sie "ohne jegliche innere Beteiligung und ohne religiösen Willensakt herunterleiert."[35] Man kann Wittmanns Urteil über Bertschis Vortrag wohl auch auf Lastersaks Wiedergabe des Confiteor anwenden, da wahrscheinlich auch hier beim Vortragen die "innere Beteiligung" fehlt. Aufgrund dieser Interpretation könnte man nun annehmen: der Erzähler führt die Texte im vollen Wortlaut an und markiert sie (die roten Eingangsinitialen ausgenommen) grün, damit er mit Nachdruck zeigen kann, daß es sich hier um eine äußerliche, keineswegs vorbildliche Handhabung christlicher Texte handelt. Zu bedenken bleibt aber, daß Bertschi doch nur zum Aufsagen (vgl. v. 3816) der Gebete aufgefordert wird. Dabei kann man gewiß wie Boesch ein Verständnis der Texte verlangen; inwieweit man aber einen "religiösen Willensakt" und "innere Beteiligung" in einer solchen Prüfungssituation erwarten sollte, ist fraglich. Man wird nach weiteren Möglichkeiten, diese Verteilung der Initialenlinien zu interpretieren, suchen müssen.

Die Eheschließung (v. 5215-5540)

Auch in diesem Abschnitt muß sich der Leser mit einander widersprechenden Lehren befassen. Vor der Aufgebotsszene stellt der Erzähler die Meinung des Pfarrers und die entgegengesetzte der Bauern, beide mit der roten Farbe markiert, nebeneinander. Der Pfarrer verkündet der Gemeinde:

Hört, ir frauwen und ir knecht!
Wisst, es ist der kirchen recht,
Daz einr ein chan im nemen schol
Offenleich (so tuot er wol),
Nicht so haimleich, ane pfaffen!
Dar zuo ist mit uns geschaffen,
Daz wir chündin überlaut
Von dem preutgom und der praut
Und vor allem volk dar zuo
In der kirchen spat und fruo,
Ob iemant wär und wesen scholt,
Der da wider sprechen wolt. (5405ff.)

Die Bauern halten wenig von diesen Ansprüchen und setzen ihnen ein älteres Recht entgegen:

Wisst, die e was gschaffen
Vor münchen und vor phaffen!
Dar umb so nem im ieder gsell
Ein frauwen, do er gernest well! (5429ff.)

Das öffentliche Aufgebot vor der Kirchengemeinde wird von den Bauern zwar abgelehnt; sie weisen jedoch die lächerliche Alte, die Bertschi beschuldigt, er habe ihr die Ehe versprochen, nicht sofort zurück, sondern gehen auf ihre Rede insofern ein, als sie ihr eine Prüfung auferlegen, um ihre Tauglichkeit zur Ehe festzustellen. Danach wird ihr Einspruch unter allgemeinem Spottgelächter zurückgewiesen. Die Szene erweist sich als humorvolles Zwischenspiel. Der Text ist grün markiert, wirkt zunächst bloß unterhaltend, nicht lehrhaft. Umsonst sucht man in dieser Szene nach einem Kommentar, der die Einstellung des Erzählers bestimmte.

Die Tatsache nun, daß der Gang zur Kirche im *Ring* vor die Brautnacht vorverlegt worden ist—im Gegensatz zu Wittenweilers Quelle—scheint zunächst dahin zu weisen, daß der Erzähler "die Mitwirkung der Kirche bei der Eheschließung gutheißt. . . ." Es bleibt jedoch zu fragen, ob man aus dieser Änderung gegenüber der Quelle die Haltung des Erzählers wirklich "unverkennbar" ablesen kann.[36] Daß die Brautnachtszene unmittelbar vor die Vorbereitungen zum Krieg und nicht schon an irgendeine frühere Stelle nach dem Kirchgang verlegt wurde, deutet auf einen kompositorischen Grund für die Änderung: die Szene hat eine retardierende Funktion, die Spannung des Lesers wird vor dem Ausbruch des großen Krieges noch einmal erhöht.

Man kann auch deswegen nicht allein aus der dargestellten Handlung erkennen, wie der Erzähler zu den neuen Ansprüchen der Kirche steht, weil er von der Schwankvorlage nicht nur durch Neuerungen abweicht, sondern anderseits das Geschehen so verändert, daß es konservativer ist als in der Vorlage. Diese konservativen Elemente weist Mittler nach.[37]

Im Laiendoktrinal wird die Ehe, mit dem Attribut "hailig" versehen, zu den Sakramenten gezählt (4012), und es gibt nirgends Anzeichen dafür, daß diese Lehre nicht ernstzunehmen sei. Trotzdem bleibt die Frage offen, welche konkrete Rolle der Erzähler der Kirche bei der Eheschließung zuschreibt, ob gerade ihre Forderung des Aufgebots erfüllt werden muß. Insofern als er den Widerspruch der Bauern gegen den Pfarrer als ernst und die Aufgebotsszene mit der Alten als scherzhaft darstellt, scheint er in größerer Nähe zu den Ansprüchen der Bauern als zu denen der Kirche zu stehen.[38] Die Zwischenstellung des Erzählers läßt sich historisch begründen, wie man bei Mittler nachlesen kann.[39]

Außer der Rede des Pfarrers und der Widerrede der Bauern sind drei weitere Stellen dieses Abschnitts rot markiert. Die Ordnung des Hochzeitszuges (5399ff.) ist nach Wießner im Vergleich mit der üblichen Anordnung solcher Prozessionen umgekehrt,[40] die Stelle wäre somit als indirekt lehrhaft aufzufassen. Die zwei anderen Stellen (5228ff. und 5238ff.) belehren ebenfalls über Hochzeitsbräuche: die Braut wird schön gemacht, "sam sitt ist ze den sachen" (5234), und man lehrt sie, sie solle sich bei der Frage, ob sie Bertschi zum Manne wolle, zuerst etwas wehren. Der Grund, weshalb die Verse über Mätzlis Ohnmacht (5229ff.) rot markiert sind, mag darin liegen, daß der Leser auch hier (vgl. 526ff.) über körperliche Reaktionen auf psychologische Vorgänge unterrichtet werden soll.

Weitere Hochzeitsbräuche sind in diesem Abschnitt wiedergegeben, so etwa das Haarausraufen (5288ff.), eine Sitte, die man auch in der Schwankvorlage findet, oder das Lärmen der jungen Männer während der Nacht (5366ff.).[41] Da sie jedoch die grüne Farbe des Scherzes tragen und Erzählerkommentare fehlen, kann man nicht festlegen, ob hier das Brauchtum gelehrt werden soll oder ob die Wiedergabe allein der humorvollen Unterhaltung dient.

Humor und Spott walten häufig in diesem Abschnitt: man denke an Bertschi, der sich bei Mätzlis Anblick so freut, "daz im die härel giengen zperg" (5255), an das zu *gra* und *sta* veränderte Jawort der beiden, an den wertlosen Ring aus Blei mit einem "Stein" aus Glas und zwei Fischaugen, der natürlich zu dem im Prolog beschriebenen *vingerli* einen komisch-grotesken Kontrast bildet, an die zum Teil äußerst wertlosen Hochzeitsgeschenke oder an die Namen der herannahenden Hochzeitsgäste. Man kennt bereits Wittenweilers systematische Anordnung von Namenlisten,[42] ebenso seine Vorliebe für humorvolle, spöttische oder auch groteske und obszöne Namen. Hier zählt er zunächst allerlei offensichtlich erfundene Namen auf, erwähnt aber zum Schluß einen Popphart, der aus Appenzell, dem einzigen nicht erfundenen Ort in dieser Reihe, kommt und anscheinend eine bekannte Persönlichkeit war.[43] Durch eine solche unmittelbare Aneinanderreihung von drastischer Karikatur und historischer Realität würde sich zeigen, daß zwischen beiden Bereichen keine scharfe Trennung besteht.

Ein Gefühl der Distanz vom Geschehen gewinnt der Leser am Schluß dieses Abschnitts. Seine Erwartungen werden enttäuscht, als der Erzähler nicht nach der bekannten Festordnung den Tanz auf die Beschenkung folgen läßt, sondern sein freies Schalten mit dem Stoff mit der Erklärung überspielt:

> Die weil scholt man getantzet haben:
> Do mochten sei die füess nicht tragen
> Von hungers not. . . . (5533ff.)

Ähnlich mit der Tradition spielend, verfährt er im nächsten Abschnitt,[44] als er nach dem Spiegelbrechen, auf das man gemäß der Neidharttradition eine wüste Rauferei erwartet, kommentiert:

> Des lachet man: es was nicht zeit,
> Daz sich derheben scholt ein streit. (6245f.)

Der Leser wird einerseits an die Tradition erinnert, anderseits wieder einmal auf des Erzählers spielerische Souveränität hingewiesen.[45]

Hochzeitsmahl und Tanz (v. 5541-6457)

Die gesamte Darstellung des Festessens ist mit roten Initialenlinien versehen. Auf die didaktische Methode und den Lehrgehalt dieser Verse hatte Übelgsmach bereits verwiesen, als er auf Richteinschands Bitte, er möge Bertschi *hofzucht* lehren, antwortete, man sollte das grobe Verhalten der Bauern in sein positives Gegenbild umkehren. Dieser Anweisung sollte Bertschi bei seiner *hochzeit* folgen:

Also mag ich Bertschin sagen:
Wil er sich nach züchten haben,
Daz müg er lernen, sam man spricht,
Bei seiner hochzeit, ob sei gschicht. (4867ff.)

Auf diese Weise läßt der Erzähler den Leser eindeutig wissen, daß das unbeherrschte Benehmen der Bauern als Umkehrung höfischer Sitten ins Negative gilt.

Ein negatives Vorzeichen wird auch den Lehren im *Grobianus* vorangesetzt; es wird dort verkündet, "wie man sol grobe sitten treiben."[46] Scheidt erklärt, er halte es für wenig sinnvoll, irgendwelche Lehren in ihrem positiven Wortlaut vorzutragen. Er schreibt darüber in der Vorrede:

> An gůter vnderweisung ist kein mangel, aber wie Persius sagt in seiner ersten Satyra, Wer will solche warnung lesen? Niemant, warlich niemant, einer oder zwen oder gar niemant, das ist schentlich vnd zu erbarmen. Wolan so můß man sie wie die Artzet die pillulen mit zucker und gewůrtz bedecket, den krancken darreichen. . . .[47]

Wittenweiler geht bei seiner Tischzucht einen Schritt weiter als Scheidt. Nirgends steht der Erzähler dem Leser—weder als ernsthafter Lehrer noch als ein Grobianer—auf dem Podium gegenüber, er spricht ihn nirgends direkt an, um ihm zu verkünden, man solle dies oder jenes tun oder nicht tun; er belehrt, indem er das regelwidrige Handeln der Bauern anschaulich, lebhaft und eindrucksvoll darstellt. Wenn einmal positive Lehren eingeschaltet sind (vgl. v. 5593ff.[48]), so sind auch diese nicht unmittelbar als Aufforderung an den Leser gerichtet, sondern wirken zunächst wie ein Kommentar zur Handlung. Der Leser hat also nirgends den Eindruck, als verabreiche der Erzähler ihm eine wenn auch verzuckerte Medizin.

Der Erzähler betont seinen Abstand vom Geschehen, wenn er vorgibt, etwas zu vermuten, anstatt zu wissen (vgl. v. 5914: "mich dunkt . . .") oder wenn er wieder einmal seine Schadenfreude über ein Unglück ausdrückt (vgl. v. 5909-11). Nachdem er zu Beginn des zweiten Teils hinter die Personen zurückgetreten ist, schaltet er in diesem Abschnitt wieder häufig Kommentare verschiedener Art in die Darstellung ein: Interjektionen, rhetorische Fragen, Anreden an die Leser, Hinweise auf die Regelwidrigkeit der Handlung. Ironisch bezeichnet er das Verhalten der Bauern etwa als *zierleich* (5730), *gezogen* (5776), *gfuog* (5860) oder *hofleich* (5714). Auch seine hier mehrmals auftauchenden Vergleiche mit Tieren liefern ein augenfälliges Bild davon, wie weit diese Menschen von *zuht* und *mâze* entfernt sind. Sie begeben sich zu Tisch "sam säw zum nuosch" (5571); sie stürzen sich "nicht anders sam die wilden per" mit Händen und Füßen über die Eier (6026; vgl. auch 5666); die Diener werfen den Gästen in der gleichen Weise, wie man ein Kalb füttert, das Kraut vor (5718ff.), das Lastersak sehr begierig "recht sam ein stir" anstarrt (5724).

Schon vorher wurde deutlich, welch geringer Unterschied zwischen Menschen und Tieren in Lappenhausen besteht. Die Turnierkämpfer ritten ineinander "recht sam die säw von Flandern," und ihr wüstes Streiten unterschied sich kaum von dem unmittelbar darauf ausbrechenden *turner* zwischen Eseln und Rossen. Als bei Bertschis nächtlichem Besuch im Kuhstall zwischen ihm und Mätzli eine Rauferei ausbrach, hieß es: "Daz gie der kuo ze hertzen" (1434). Mensch und Tier waren sofort darauf an einem gemeinsamen Kampf beteiligt, in dem "sei cratzt, er rauft, die kuo die stach" (1438).

Beim Hochzeitsmahl sind Tiere ebenfalls an der Handlung beteiligt. Die Katzen lecken sofort ein ausgeronnenes Ei auf (6057f.), den Hunden mißfällt Frau Elses heftiges Knochennagen, einer von ihnen springt sie an und reißt ihr einen Knochen aus dem Mund (5699ff.). Die Menschen sind nicht weniger darauf bedacht, eine gute und möglichst große Portion für sich zu erhaschen. Besonders bei der Darstellung des Krieges im dritten Teil wird man sehen, daß die Unterschiede zwischen Menschen und Tieren häufig verwischt sind.

Während in der Schwankvorlage das unbeherrschte Essen und Trinken der Bauern fast nur im allgemeinen beschrieben wird, richtet Wittenweiler mit erzählerischem Geschick seinen Blick auf einzelne Personen. So liefert er bei der Darstellung der wüsten Trinkerei mehrere Variationen. Man betrachte Jungfer Fina, die "also sorfent und so gfuog" aus einem Krug trank,

Daz sei da der huost an kam.
Daz überig durch den puosem ran;
Dem lekt sei mit der zungen nach:
Umb die seuri was ir gach. (5861ff.)

Oder man denke an Pentza Trinkavil, der so viel trank, daß er anfing zu keuchen und ihm der Schweiß ausbrach. Auch sonst greift der Erzähler immer wieder Individuen heraus:

Er hiet ein hand mit kraut geladen
Und fuor do her zuo seinem mund.

60 *Der Erzähler in Wittenweilers "Ring"*

> Got den ruoft er an ze stund,
> Daz er behielt daz wetter genäm,
> Bis daz das fuoder ein chäm. (5746ff.)

Frau Else eilt so schnell zum Essen, daß sie dabei hinfällt und die Krüge umstößt, Varindwand erstickt beim eiligen Verschlingen einer Portion Fisch an den Gräten. Bisweilen scheinen die kraftvollen Szenen auch auf den Erzähler eine Wirkung zu haben. Als Frau Else das Brot in große Stücke zerschneidet, die sie darauf wie einen Scheiterhaufen vor sich auftürmt, ruft er mit offensichtlichem Gefallen an dem groben Benehmen: "Secht, daz wurdent erber snitten!" (5690).

Man fragt sich an einer solchen Stelle, inwieweit der Erzähler wirklich seine anklagende Distanz von dem Verhalten der Bauern wahrt. Steht er hier durch seine humorvolle Teilnahme am Geschehen den Narrenbauern nicht näher, als man das von jemandem erwarten sollte, der das Bauerngelage von der Warte des "Höfischen" her beurteilt?

Auch die Ausführlichkeit, mit der er auf bildhafte Einzelheiten eingeht, läßt bisweilen vermuten, daß, während der Didaktiker zum Zweck der anschaulichen Unterweisung konkrete Beispiele vorführt, der Erzähler hier seine Distanz vom Geschehen verringert. So ist seine Version der Lehre "quando bibis, nequaquam respice circum" die folgende Szene:[49]

> [Sie] drank so treulich und so fast,
> Bis daz ïr des atens gprast.
> Wie schiere sei des wider kam,
> Secht, do huob sei aber an,
> Ze schilen auf da hin und her
> Nicht anders sam ein wilder per.
> Daz haubet liess sei sinchen
> Und tranch, daz von dem trinken
> Die augen ïr vergiengen,
> Die oren nider hiengen. (5661ff.)

Mehrere Male sind solche Szenen bis zum Ekelhaften und Grotesken gesteigert. Der Leser wird sich dann an das abstoßende Beispiel erinnern. Als besonderes didaktisches Mittel verwendet der Erzähler auch hier die Motivwiederholung. So wird auf verschiedene Weise betont, daß man bei einer Mahlzeit ein *hanttuoch* benötigt (5592ff., 5603ff., 5613ff., 5789ff.), oder man wird immer wieder daran erinnert, man solle sich nicht in Eile auf das Essen stürzen (z.B. 5731ff., 6024ff., 5874ff.).

Leichter als bei den vorangehenden Parodien kann der Leser die Lehren dieses Abschnitts erkennen, weil Ubelgsmach von vornherein das Ziel der Verkehrung festlegt und weil es sich außerdem um weitbekannte Lehren handelt und nichts darauf hinweist, daß man ihre übliche Bedeutung modifizieren müßte. Dazu kommt, daß der Erzähler selbst bisweilen eine positive Lehre einschaltet und daß die hier parodistisch illustrierten Lehren bestätigt werden durch positiv vorgetragene Unterweisungen aus anderen Abschnitten. Man denke an Straubs spezifische Lehre über die Reihenfolge der Speisen (vgl. v. 6118-20 mit v. 4306-8 und v. 5633 mit v. 4309-12) oder die grundlegende Lehre des Apothekers: "Die gsunthait masse haben wil" (4223).

Diese Regel über das Maßhalten befolgt eigentlich keiner. Alle essen und trinken zu viel. Durch ihre Unbeherrschtheit und wilde Gier werden sie einander gefährlich. Man hat den Eindruck, der geringste Anlaß könnte ihre Aggressivität entfachen und einen großen Streit heraufbeschwören. Der Erzähler weist auf diese Möglichkeit hin:

> Und hietin seu getrunken bass,
> Es wär ze stössen komen das. (5625f.)

Auch als zwischen Bertschi und seinen Dienern im Handumdrehen eine Rauferei entsteht, befürchtet man ein unheilvolles Ende des Bauerngelages.

Der anschließende Tanz setzt die Hochzeitsfeierlichkeiten fort. Die Darstellung ist zunächst grün markiert, dann sind einige Stellen durch rote Linien hervorgehoben. Dazu gehören die Lieder mit Ausnahme der ersten Hälfte des Textes "Wem schol ichs geben?" (6333ff.). Warum gerade diese Verse im Gegensatz zu ihrer Fortsetzung und den anderen Liedern nicht lehrhaft sein sollen, ist unerfindlich. Schwer zu erklären ist auch die rote Farbe bei der Beschreibung, wie alle zu Gunterfais Melodien auf und nieder springen (6206ff.).[50] Sein Entschluß, den betrunkenen Bauern *ein narrenvart* vorzuspielen (6193ff.) beweist schlaues, realistisches Durchschauen der Situation, das ja auch sonst im *Ring* als vorbildlich dargestellt wird. Die Verse über die Tanzlust der Frauen (6249f.) enthalten wohl Sprichwörtliches und gelten daher als Lehre.[51]

Der Kommentar am Ende des zweiten Teils ist aufschlußreich für die Stellung des Erzählers gegenüber den ausbrechenden Streitigkeiten. Den unmittelbaren Anlaß, nämlich das *chratzlen*, mit dem "der laidig Eisengrein" seine Liebe zu Gredul zeigen will, verurteilt er:

"Daz stuond nicht wol, es was ein schand" (6453). Eisengreins Handeln ist jedoch nur der äußere Anlaß; es liegt im Wesen der Bauern zu streiten, und so betont der Erzähler, auch diesmal gehe ihr Vergnügen "nach ir gewon" (6457) schlecht aus. Er weist darauf hin, der Teufel habe seine Hand im Spiele:

> Und do es an dem besten was,
> Do sat der tiefel äschen drein. (6447f.)

und deutet mit dieser Feststellung auf den dämonischen Charakter des großen Krieges.

Kapitel IV
Dritter Teil (v. 6458-Ende)

Raufereien nach dem Hochzeitstanz, Ratsversammlungen, Hochzeitsnacht, Städtekongreß (v. 6458-7878)

Im Prolog hieß es, der dritte Teil lehre,

> Wie man allerpest gevar
> Ze nöten, chrieges zeiten
> In stürmen, vechten, streiten. (26ff.)

Gemäß dieser Ankündigung erhält der Leser von nun an zahlreiche Belehrungen praktischer und theoretischer Art über den Krieg wie auch über Streitigkeiten kleineren Ausmaßes.

Bereits bei der Darstellung der Raufereien und Schlägereien zwischen Lappenhausen und Nissingen sind mehrere Stellen rot markiert. Es handelt sich bei den Lehren zumeist um Verteidigungsmethoden, deren erfolgreiche Anwendung vorgeführt wird. Man reißt dem Gegner die Haare aus und zieht ihn am Bart (6482-90), man verteilt Faustschläge (6501-11), man verteidigt sich "mit würgen, chretzen und mit ringen" (6561) oder mit anderen speziellen Methoden, indem man dem Gegner auf die Spitzen der Schnabelschuhe tritt oder ihn am Gürtel ergreift und durch die Luft wirbelt (6567-97), beim Rückzug mehrerer Kämpfer bildet man ein Karree (6622ff.). Die übrigen Lehren unterweisen über die Anwendung von Messern oder Speeren (6548-51), über das Abbrechen eines Steges (6670), auch über die Alternative, sich aus dem Streit zwischen Stärkeren herauszuhalten (6520-25). Eine weitere Lehre erteilt der Erzähler nach direkter Hinwendung an seine Leser: er führt die verstärkte Kampfkraft der Nissinger bei der Ankunft in ihrem Dorf darauf zurück, daß sie sich nun auf vertrautem Boden befinden. Diese psychologische Erklärung wird anschaulicher gemacht, indem wieder einmal menschliches und tierisches Verhalten gleichgesetzt sind:

> So habt es wol gesehen vor,
> Daz ieder hund auf seinem mist
> Für ander drei gehertzer ist:
> Der minst erbeisst den mersten. (6653ff.)

Weitere Stellen berichten über Kampftechniken, weshalb man sie als lehrhaft bezeichnen könnte, obwohl sie grüne Initialenlinien tragen. Dies gilt von dem Bericht über den Kampf zwischen Troll und Arnolt (6536ff.) oder von dem allgemeinen Blutigschlagen von Mund und Nase (6497ff.). Der Kommentar an dieser letzten Stelle verrät Schadenfreude:

Do schluogens umb so wercleich so,
Daz oft ir eim die nase pluot,
Daz maul dar zuo; daz was im guot
Für daz ader lassen do. (6497ff.)

Man erinnert sich, daß der Erzähler bereits beim *stechen und turnieren* Schadenfreude zeigte; diese Haltung hat sich nicht verändert.

In der Handlung gibt es Gemeinsamkeiten mit den Kämpfen aus dem ersten Teil: Glockenläuten gilt als Aufruf zur Teilnahme am Streit, man benutzt landwirtschaftliche Werkzeuge als Waffen, einer oder mehrere der Kämpfer fallen in den Bach, beim Kämpfen neigt man dazu, ohne jede Ordnung wüst aufeinanderloszugehen. Die Raufereien hier sind jedoch wesentlich gewalttätiger als die früheren, und somit ist auch die Zahl der Toten unvergleichlich höher. Es wird über bisher ungehörte Grausamkeiten berichtet, über Dietrich, der Fesafögilis Bart mitsamt der Kinnpartie abreißt, oder über den Twerg, wie er Dietrich durch Kratzen an einem Auge blendet. Mit dem Kampf zwischen Dietrich und dem Twerg spielt der Erzähler auf den Streit zwischen Dietrich und Laurin aus dem bekannten Heldenepos an;[1] er deutet damit voraus auf das spätere Auftauchen dieser wie auch weiterer Personen und Motive aus der Heldenepik.

Bei den anschließenden Ratsversammlungen—die Nissinger beraten untereinander, ebenso die Lappenhauser wie auch die Vertreter der Städte—zeigen sich Unterschiede zwischen den beiden Dörfern wie auch zwischen ihnen auf der einen und den Städten auf der anderen Seite. Der Text enthält Hinweise darauf, welche Haltung der Erzähler gegenüber den Dorfbewohnern und den Städtern, gegenüber Jung und Alt und gegenüber dem Krieg einnimmt.

Daß die Lappenhauser auch hier Spott, Kritik und heftige Ablehnung trifft, ist nicht unerwartet. Auch über die Nissinger spottet der Erzähler bisweilen. Er erwähnt, daß das Dorf noch nicht einmal eine Glocke besaß:

Da mit man schluog ze sturme an
Mit schlegen unverdrossen:
Die glogg was noch nicht gossen. (6661ff.)

Humorvoll spöttisch beobachtet er:

> Strudel rüspelt seinen chragen
> Und huob sein tädinch an ze sagen. (6812f.)

oder:

> Wüetreich auf gen himel sach.
> Er wolt sich zaigen erber sein. (6793f.)

Er hebt eigens hervor, die Nissinger Abgeordneten gingen barfuß in den Rat (6686ff.), und ihr Rathaus sei "ein scheur mit stro" (6700). Außerdem sind die Namen der Nissinger Männer und Frauen nicht weniger komisch, spöttisch oder obszön als die der Lappenhauser.

Andererseits wird der Gegensatz zwischen den beiden Dörfern gerade in diesem Abschnitt besonders deutlich. Mittler weist nach, daß die Nissinger nach der scholastischen Lehre, die Wittenweilers Darstellung hier zugrunde liegt, die Voraussetzungen für einen *bellum iustum* erfüllen, da sie nämlich die *auctoritas*, die *causa iusta* und die *recta intentio* haben.[2] Strudel legt dar, es sei seinen Dorfgenossen erlaubt, Krieg zu führen ("Den gwalt wir von dem kaiser haben" [6840]); er macht auch klar, daß die Lappenhauser ihnen geschadet haben; außerdem weist er darauf hin, daß er kein Kriegstreiber ist und den Lappenhausern zunächst "güetleich" (6847) die Gelegenheit bieten will, den Schaden auszugleichen.[3] Alle Nissinger, selbst die, die zunächst anderer Ansicht waren, unterwerfen sich seinem Urteil.

Bei den Lappenhausern steht es anders. Einer von ihnen, Riffian, erklärt selbst, es fehle ihnen die legitime Autorität zur Kriegsführung.[4] Es gelingt Mittler, nachzuweisen, daß sie auch nicht die rechte Kriegsabsicht besitzen, daß sich die scholastische Lehre der falschen Einstellungen zum Krieg auf sie anwenden läßt: "Nocendi cupiditas, ulciscendi crudelitas, impacatus, et implacabilis animus, feritas rebellandi, libido dominandi . . . haec sunt quae in bellis jure culpantur."[5]

In der Tat kann man bei den Lappenhausern einen "kriegerischen und unversöhnlichen Geist" leicht erkennen; er wird nicht erst jetzt offenbar. Sie lehnen nun Strudels Angebot heftig ab und hören auch nicht auf diejenigen aus ihrem eigenen Kreise, die zum Frieden mahnen, sondern drängen unaufhaltsam zum Krieg. Daran hindert sie selbst die Rede der alten Laichdenman mit ihren grauenhaften Prophezeiungen nicht, obwohl sie gründliche astrologische Kenntnisse enthält und sie daher nicht ignoriert werden sollte.[6]

Die Herrschsucht der Lappenhauser sieht Mittler hinter Lienharts Errichtung des Kaiserreichs.[7] Diese Begierde wie auch Streitlust werden bildhaft deutlich in Rüeflis wiederholtem Tiervergleich:

> Ze reitten auf die meuse,
> Ze rüeren in die leuse,
> Sam die löwen unverzait. (7195ff.)[8]

Schon zu Beginn der *narratio* wies der Erzähler darauf hin, daß in Lappenhausen "vil esler pauren" an Großmannssucht leiden. Inzwischen sind sie darüber hinaus, als "Ritter" ein Turnier zu veranstalten, ihre Narrheit hat sich dahin gesteigert, daß sie, um sich die fehlende *auctoritas* für den bald ausbrechenden Kampf zuzusichern, ein Kaiserreich errichten. Entsprechend ist die ablehnende Haltung des Erzählers stärker geworden. Galt den Lappenhausern im ersten Teil noch Spott und Ironie, so kommt es am Ende dieses Abschnitts nach dem Vermittlungsversuch der Städte zur schärfsten direkten Kritik des *gpaur* innerhalb des gesamten Epos. Der Erzähler verbirgt seine Meinung hier nicht hinter der Handlung, kleidet sie nicht in ironische oder parodistische Worte:

> Die botten hin was scholtens sagen?
> Seu möchten vor gewisset haben,
> Daz ein gpaur vil selten tät,
> Wes man in mit züchten pät,
> Dem daz haubet grosset gar,
> So man in gebitten gtar,
> Und tuot allaine, daz er muoss;
> Gewalt der ist sein rechteu buoss. (7865ff.)

Das Präsens hebt die allgemeine Gültigkeit der Aussage hervor, die roten Initialenlinien unterstreichen die ernsthafte Wirkung.

Der einzige Erzählerkommentar, der diesem an Länge, Schärfe der Kritik, allgemeiner Gültigkeit, an eindringlicher Wirkung auf den Leser nahesteht, ist das vernichtende Urteil über die Frauen. Dem Erzähler ist es gelungen, seine beiden Gegner unmißverständlich zu kritisieren. Wegen seiner systematischen Erzählweise, seiner Vorliebe für Zahlen und Symmetrie ist man nicht erstaunt,[9] den einen Kommentar im ersten, den anderen im letzten Teil, ungefähr im gleichen Abstand vom Anfang bzw. vom Ende des Epos zu finden.

Diese Kritik an dem *gpaur* trifft nicht alle Bauern der Handlung. Dadurch wird man daran erinnert, daß sich der Erzähler im Prolog ausdrücklich von einer Standeskritik distanzierte. Wenn er auch inzwischen verschiedene Mittel der Ständesatire angewendet hat, spricht er an dieser Stelle wieder als Moralsatiriker. Die Nissinger sind hier von der Kritik ausgenommen, ebenso einige Lappenhauser. Offensichtlich gehört der alte Höseller, der wegen des bevorstehenden

Krieges ins Exil geht, nicht zu den starrköpfigen Kriegshetzern. Andere alte Lappenhauser haben gegen den Krieg gesprochen (neben Laichdenman Riffian und Pilian), wenn sie sich auch nicht gegen die Jungen durchsetzen konnten. Der Erzähler billigt die Haltung der Alten gegen den Krieg:

> Die wisten wol in iren sinnen,
> Was man möcht mit krieg gewinnen. (7147f.)

Gegen den Krieg und für das Alter spricht er auch, als er Pilians Warnung mit den Worten einleitet:

> Won er auch ein alter was,
> Der sich verwisst auf kriege bas. (7404f.)

Über die Flucht des alten Höseller sagt er in einer rot markierten Zwischenrede:

> Des macht er haimleich sich dar von,
> Sam noch die weisen sein gewon. (7877f.)

Andere Lehren des *Ring* unterstreichen die Richtigkeit von Hösellers Entscheidung. Strudel erklärt, man möge fliehen, wenn man nichts anderes als den Tod vor Augen habe (8361ff.). Ähnlich belehrte man Bertschi einst, Fliehen sei erlaubt, wenn Bleiben den Tod bedeute (4795ff.). Daß Höseller die hoffnungslose Situation richtig durchschaut hat, beweist das Ende der Schlacht. Die anderen Lappenhauser hätten ebenso den Ausgang des Krieges voraussehen können, denn er wurde ihnen von Laichdenman prophezeit.

Mit der Einstellung des Erzählers gegen den Krieg stimmt es überein, daß er den Entschluß der Städte, sich den Streitereien fernzuhalten, offensichtlich gutheißt und ihn wie auch die gesamte Verhandlung der Städte rot markiert. Bereits bei den Raufereien nach dem Hochzeitsmahl war das Verhalten der Seurensdorfer und Rützinger, die sich nicht an der Schlägerei beteiligten, sondern ihr von ferne zusahen, durch die roten Initialenlinien als vorbildlich gekennzeichnet. Das gilt auch von dem späteren Vers: "Die ander dörffer koment nicht" (8009).

Nirgends gibt es Anzeichen für Spott oder Kritik des Erzählers den Städtern gegenüber. Ihr Verhalten bietet dafür keinen Anlaß. Die Abgesandten tragen mit großer Höflichkeit und Diplomatie ihre Reden vor und stimmen schließlich alle dem *amman* zu. Dessen Rede ist logisch aufgebaut, seine Argumente sind überzeugend. Wenn er pragmatische und realistische Anschauungen verkündet wie etwa die

Lehre, man sei nur dann einem anderen mühevolle Hilfe schuldig, falls dieser bereit sei, dieselbe zurückzuerstatten oder dies bereits getan habe, oder die Feststellung, daß die Welt "die sel verkauft um gelt" (7836), so hat man bereits wiederholt gesehen, daß der Erzähler solche Aussagen als ernste Lehren darbietet. Mit der Haltung des Erzählers stimmt überein, daß der Konstanzer dem Krieg fernbleiben will. Er bestimmt am Schluß seiner Rede für den Fall, daß die Botschaft der Städte erfolglos bliebe, sie wollten dann die *spreuwersek* (7844) so lange kämpfen lassen, bis sie "vechtens werden übervol" (7845). Wenn nun dieser vorbildliche *amman* betont, er sei "von einem, der was ein jurist" (7777), ausgebildet worden, und der Autor selbst Advokat war, so erteilt Wittenweiler offensichtlich hier seinem eigenen Berufsstand ein Lob.

In diesem Abschnitt stehen, wie die überwiegende Zahl der rot markierten Verse zeigt, die Lehren im Vordergrund. Darunter findet man theoretische Erörterungen, von denen einige mit dem Geschehen nur wenig zu tun haben, jedoch zu einer umgreifenden Lehre über den Krieg beitragen.[10] Ruprechts allgemeine Lehre über den Ursprung, die verschiedenen Arten und den schwer voraussehbaren Ausgang eines Krieges ist mit den Lappenhauser Plänen nur an wenigen Stellen verbunden. Bei dem eingefügten Städtekatalog gibt der Erzähler selbst zu, er habe sich von der Handlung entfernt:

Preussen und auch ändreu land
Sein mir nicht so wol bekant;
Dar umb ich nicht genennen chan
Ir stett und ker hin wider an,
Da ich der gpauren botten liess. (7683ff.)

Ihm ist bewußt, der geographische Exkurs könnte die Leser langweilen, daher versucht er, ihre Aufmerksamkeit durch zahlreiche Anreden wachzuhalten, und wendet sich schließlich "chürtzleich," damit er keinen "verdriess" (7688), wieder dem Geschehen zu. Die Bemerkung über Preußen läßt sich aus der südlichen Herkunft des Autors erklären.

Die didaktischen Techniken dieses Abschnitts sind nicht neu. Einzelne Themen werden wiederholt; so wird die Beichte in Eggharts Rede (6730ff.) erwähnt. Im nächsten Abschnitt wird das Thema noch einmal durch Strudel aufgegriffen (8114ff.). Einer sorgfältigen Gliederung folgen besonders Ruprecht und der *amman* beim Vortrag ihrer Lehren. Die Technik, nicht miteinander übereinstimmende Meinungen über dasselbe Thema rot zu markieren, wird bei den Reden der Nissinger Ratsversammlung, zum Teil auch bei denen des Lappenhauser Rats angewandt.

Die einleitenden Worte des Lappenhauser Meiers Lekdenspiss mit der Aufforderung zum Krieg sind rot markiert, ebenso die darauf folgende Mahnung Riffians, man müsse dem Streit fernbleiben. Auffällig ist, daß die Rede Lienharts mit der Verkündung des imaginären Kaisertums grüne Initialenlinien aufweist. Grün markiert ist hier ebenso Eisengreins Bestätigung der Rede des Lekdenspiss—Eisengrein bejaht den Aufruf zum Krieg trotz inzwischen verkündeter Gegengründe—wie auch Niggels Scheltrede nach Laichdenmans eindringlicher ernster Warnung. Diese närrischen Reden sollen—im Gegensatz zu der des Haintz (7424ff.), der durch seine historischen Argumente zumindest einen Grad von Rationalität beweist—augenscheinlich nicht einmal als Widerreden in einer Debatte ernstgenommen werden.[11] Bei der Diskussion der Städter steht nicht Meinung gegen Meinung, sondern ein Redner ergänzt jeweils sorgfältig den Vorredner. Dem Leser wird hier in größtenteils rot markierten Versen ein Beispiel diplomatischer Redekunst vorgeführt. Weshalb der Rede des *amman* ein grün markierter Bericht vorausgeht (v. 7766ff.), ist schwer zu erklären. Dasselbe gilt von den drei zustimmenden Aussagen am Ende der Beratung (7847ff.).

Unter den mannigfaltigen Lehren dieses Abschnitts liest man schließlich auch, wie ein Bote seinen Auftrag erfüllt und wie er behandelt wird, welche Arten von Hilfe man leisten kann oder wie man den Krieg erklärt. Die rote Farbe der Lehre kennzeichnet ebenso die Darstellung der Hochzeitsnacht, die vor die Lappenhauser Ratssitzung eingeschoben ist. Bertschi trägt hier zwar einige Lehren über die Ehe vor, und er und Mätzli befolgen Anweisungen, die ihnen der Dorfschreiber und der Arzt erteilt hatten, aber das erläutert noch nicht, weshalb die gesamte Szene als lehrhaft dargestellt ist.[12] Man könnte vielleicht wie Schlaffke die Rotmarkierung darauf zurückführen, daß Bertschis und Mätzlis Verhalten während der Hochzeitsnacht als Gegensatz zur grün markierten Orgie der Hochzeitsgäste gesehen wird.[13]

Dorfschreiber und Arzt, in der Darstellung eigens erwähnt, stellen einen Bezug zum ersten Teil her. Weitere Verse erinnern an früheres Geschehen: die derbe Komik ruft Szenen aus Bertschis närrischem Liebeswerben wach; das Tagelied paßt so wenig zur Situation, wie einst die Liebesbriefe aus fremder Hand angemessen waren.

Verlauf und Ausgang der Schlacht (v. 7879-9539)

Die Vorbereitungen unmittelbar vor der Schlacht beginnen mit der Lappenhauser Bitte um Hilfe bei den Nachbarn. Die Namen der Dörfer Narrenheim und Torenhofen sind bereits ein Hinweis, daß man sich um gleichgesinnte, wenn nicht gar verwandte (vgl. v. 7882f.) Verbündete bemüht. Man beschränkt sich nun nicht auf die nähere Umgebung, sondern schickt ebenfalls Boten "in der haiden land" (7894) und auch zum Heuberg, dem Wohnort sagenhafter Wesen.

Als die Nissinger und die Städter versuchten, die Lappenhauser zu beeinflussen, gelang es diesen, auf ihrer Absicht, Krieg zu führen, zu beharren. Durch das Anwerben der Wesen vom Heuberg verlieren sie nun jedoch die Kontrolle über das Geschehen: viele der Unholde handeln nach eigener Entscheidung; durch ihre Bitte um Hilfe beschleunigen die Lappenhauser, ohne daß dies von ihnen direkt beabsichtigt wäre, den Ausbruch des Krieges und vergrößern das Ausmaß der Streitigkeiten.

Die Hexen, Zwerge, Riesen und Recken vom Heuberg und seiner Umgebung sind anscheinend schon vor der Ankunft der Boten über den bevorstehenden Krieg unterrichtet, weil sie sofort willig und sehr schnell bereit sind und in großer Eile die Anreise hinter sich bringen. Sogar die notwendigen Kamele scheinen schon bereit gestanden zu haben. So schnell geht die Vorbereitung der Hexen vonstatten, daß selbst der Erzähler seine Verwunderung darüber ausdrückt:

> We, wie schier seu waren brait!
> Iecleicheu sass auf ein gaiss
> Und flog da her, daz ich nicht waiss,
> Weder tiefel in ir wär. (7900ff.)

Das Verhalten der nicht-menschlichen Wesen ist unerwartet. Es sieht so aus, als lebten sie mit ihrem gegenseitigen Haß in ständiger Bereitschaft für den Ausbruch eines Krieges. Gerade dies war den Lappenhausern von der Welt des Heubergs gewiß nicht bekannt: daß dort unter den einzelnen Gruppen Feindschaften bestehen und die Boten deswegen nicht nur Verbündete, sondern gleichzeitig neue Feinde anwerben, die sich nach eigener Entscheidung auf die Seite der Nissinger schlagen.

Im Verlauf des Epos sah man an zahlreichen Stellen, wie sich die Bauern nicht nach gewohnten menschlichen Maßstäben verhielten. Zum ersten Mal jedoch treten mit den Bewohnern des Heubergs Wesen auf, die wirklich nicht aus der Welt des Menschen stammen.

Dritter Teil (v. 6458–Ende) 71

Ihre Natur und ihr Verhalten sind nicht ohne weiteres berechenbar. So liegt über Frau Hächel ein Zauber, der es unmöglich macht, sie mit herkömmlichen Methoden zu überwinden; auch bei den Riesen muß man in einer besonderen Kampfweise vorgehen. Die Verhaltensregeln der Unholde widersprechen bisweilen den Gesetzen des Menschen. Wenn das Recht bestimmt, wie Strudel lehrt, daß die Frauen beim Krieg nicht mitkämpfen sollen, es sei denn, sie wollten mit Steinwürfen helfen (vgl. v. 8559f.), dann ist der Kampf der Hexen in der Tat "ein schwerer Verstoß gegen die Kriegssitten der Zeit."[14]

Der Erzähler deutete an, der Teufel möge bei diesem Krieg seine Hand im Spiele haben. Nun bemerkt er über die Hexen, er wisse nicht, "weder tiefel" in ihnen stecke, und läßt sie mit einem Wappen aufziehen, das "Pelsabuken chrumbe nas" (7906) zeigt. Es scheint, als stecke der Teufel auch in einer großen Zahl der Menschen und beschwöre das Chaos herauf, da sie mit nicht geringerer Kriegslust und Grausamkeit als ihre Verbündeten vom Heuberg kämpfen. Nicht nur Wesen der Sage ziehen unaufgefordert zur Schlacht, sondern auch Heiden, Schweizer und Mätzendorfer. Dies ist umso erstaunlicher, als die Ursache des Krieges nicht mehr ist als "ein stro" (8047), so wie vor hundert Jahren, als Lappenhauser und Mätzendorfer schon einmal miteinander kämpften. Es ist absurd, daß die Mätzendorfer dieses Streits wegen nun ihre Vorfahren rächen wollen.

Die Grenze zwischen Mensch und Unhold ist hier häufig nicht mehr streng zu ziehen. Besonders deutlich wird das bei den besessenen Kämpfern. Man betrachte den Leibinger, der "Reussen, haiden und auch Turggen" "all in einem stich" (9125f.) erledigt, oder Herrn Snegg, der sieben Lappenhauser auf einmal aufspießt (9236ff.). Auf Sneggs übermenschliche Kräfte macht der Erzähler aufmerksam: "Er wär eim türsten gnuog gewesen" (9240). Ein grausamer Unhold ist der wilde Mann. Er kommt ungerufen, keiner weiß woher, keiner weiß, wer er ist. Völlig unerwartet schlägt er auf beide Parteien gleichzeitig los. Sein Hirsch nimmt ebenfalls aktiv am Kampf teil. Selbst noch als Leichen sind Mann und Tier unheilbringend für die anderen Kämpfer. Auch Frau Hächels Kampftier ist nicht weniger gefährlich als sie selbst.

Die hier besonders häufigen Tiervergleiche unterstreichen, daß die Grenzen zwischen Mensch, Unhold und Tier verwischt sind. Der ausführlichste darunter kennzeichnet die große Niederlage der Lappenhauser:

Lappenhauser vielent nider
Ze gleicher weis sam schaff und wider,

72 *Der Erzähler in Wittenweilers "Ring"*

> Die noch hierten weder hund
> Habend ze der selben stund,
> So die wolfe hungrig gar
> Chömend in ir blöden schar. (9302ff.)

Die rote Farbe der Lehre hebt diesen Vergleich hervor; er gilt als ernstzunehmendes abschreckendes Beispiel. Am Ende der Schlacht legt man sich "sam ein rind" (9417) zum Schlafen auf das Feld; die Kämpfer beider Seiten wollen ihre Feinde "erwürgen sam die hund" (8094); Strudel bestimmt, Frau Hächel solle mit ihrer Gefolgschaft "geligin nider sam die rind" (8668); einige Riesen laufen einmal unter die kämpfenden Feinde "recht sam die wolff in ander gens" (8948); der Zwerg Äschenzelt wird "sam ein huon" (8997) von einem Riesen zerquetscht; den "gezähmten" wilden Mann vergleicht der Erzähler mit einem "lämbel" (8771) und fügt hinzu, er wisse nicht, wie man diese Verwandlung fertiggebracht habe.

Immer wieder schaltet sich der Erzähler ein mit Interjektionen oder mit Kommentaren zur Handlung oder zu den Personen (z.B. 8095, 8756, 8807f., 8827, 9186ff., 9280f., 9440). Häufig spricht er den Leser während des Erzählens direkt an (z.B. 7940, 8058, 8070, 8072, 8700, 8836), wiederholt stellt er eine rhetorische Frage (z.B. 7959, 8090, 8684). Ausdrücklich bemüht er sich, die Aufmerksamkeit und Sympathie des Lesers zu erhalten, wenn er in der zweiten Hälfte der Schlachtdarstellung verspricht, er werde sich kurz fassen (9070, 9097, 9400). Ein Zugeständnis an den Leser liegt wohl darin, daß er eine Information von anscheinend allzu erschreckendem Inhalt zurückhält:

> Wie vil aver wär derschlagen,
> Der mär getar ich euch nicht sagen. (9411f.)

Die Zwischenreden bieten jedoch dem Leser inmitten des chaotischen Geschehens keine immer verläßliche Orientierungsmöglichkeit. Es ist widersinnig, Wesen, die nicht an die Gesetze von Raum und Zeit gebunden sind, genau zu zählen, zumal man nicht vorhersagen kann, ob nicht noch eins oder mehrere von ihnen zu einem späteren Zeitpunkt unerwartet auftauchen werden. Dennoch unternimmt der Erzähler ostentativ die Addition der Lappenhauser und ihrer Verbündeten und kommt zu dem Ergebnis:

> Also daz ir über al
> Warend da nach meiner zal
> Zwai tausent streiter frei
> Und fünf hundert auch da pei. (8005ff.)

Dritter Teil (v. 6458–Ende) 73

Diese Addition ist richtig, die Addition der Nissinger und ihrer Verbündeten jedoch nicht, denn anstatt 1360 Kämpfer müßten es 1362 sein (vgl. v. 8049-81). Obwohl der Erzähler die Kämpfer auf der Nissinger Seite zunächst sehr genau zusammenzählt, verfährt er am Schluß großzügig. Merkwürdig ist, daß gerade hier die Leser aufgefordert werden mitzuzählen—"Nu secht vil eben, waz daz macht!" (8072)—daß sie also geradezu auf den Fehler hingewiesen werden. Das ganze Addieren erweist sich als überflüssig, denn es heißt danach, es seien zu beiden streitenden Parteien weitere Gehilfen "ane zal" (8082) hinzugekommen. Ein Fehler beim Zählen wird auch dort offensichtlich, wo es heißt, es habe mehr als siebenhundert Tote im Kampf zwischen den Lappenhausern und den Schweizern gegeben, da die Gesamtzahl der Lappenhauser und Schweizer nach der anfänglichen Aufstellung nur 432 betrug.

Die einzelnen Köpfe der herannahenden Scharen zählen heißt in die großzügige Zusammenschau von mythologischen und menschlichen Wesen ein störendes Element hineinbringen. Störend ist es auch, wenn Wittenweiler zusammen mit Gawein, Lanzelot, Tristan und Astolff einen Büggel von Ellerpach, eine historische Person, erwähnt.[15] Eine ähnliche Technik verwandte er bei der Einführung des Popphart aus Appenzell und im letzten Abschnitt, als er unter den Ratsmitgliedern Pütreich und Marner (6697) auftreten ließ, von denen vermutet wird, sie trügen literarische Namen.[16] Immer wieder wird der Leser von diesem Erzähler überrascht und zu wachem Lesen aufgefordert.

Einerseits ist der Erzähler über das Geschehen gut informiert, kennt er die Feindseligkeiten zwischen den einzelnen Gruppen genau, kann er, gleichsam allwissend, die Gedanken der Personen lesen, so etwa, wenn er Strudels Schauspielerei gegenüber Laurin (8455ff.) durchschaut. Anderseits gibt er manchmal Nichtwissen vor (vgl. v. 8770, 9353). Gerade die Episode mit Strudel und Laurin mag für dieses bisweilen vorgegebene Nichtwissen des Erzählers aufschlußreich sein. Strudel erklärt zu Laurins Frage nach der Behandlung der Gefangenen, sie sei "hoher mär" und "gar ze swär" für ihn, daher müsse er sie nachschlagen (8455ff.). Er sagt dies nur, weil er Laurin ehren will, nicht, weil er die Antwort nicht weiß. Wenn der Erzähler etwa bei der Einführung Neidharts erklärte, er wisse des Ritters Namen nicht, sondern vermute ihn nur, so wollte er gewiß damit den Leser, von dem man annehmen konnte, er werde das Wappen Neidharts erkennen, ehren und sich somit seine Sympathie zusichern.

Zu welchem Zweck das Spiel des Erzählers in diesem Abschnitt parodistische Mittel einschließt, ist nicht mit Sicherheit zu bestimmen. Wie Martha Keller nachweist, verwendet Wittenweiler bei der Darstellung der Schlacht zahlreiche Motive und Gestalten der heroischen Epik, vor allem des *Kleinen Rosengarten*.[17] Sollte dadurch etwa die Darstellung von Grausamkeiten verhöhnt werden? Dann wäre es merkwürdig, daß Wittenweiler selbst grausames Geschehen in Einzelheiten vorführt und diese oft bis zum Grotesken steigert, ohne irgendwelchen Spott dabei anzudeuten. Man hat vielmehr den Eindruck, daß die Szenen keinen anderen Zweck haben, als einem besonderen Stoffhunger der Leserschaft nachzukommen. Man betrachte, wie Trintsch gegen Wegge kämpft:

> Er graiff im zuo dem augen hin
> Und zukt ims zuo seim ungewin,
> Das es im gen der nasen hieng.
> Da mit der ris sein aug gevieng
> Und zoch es gantz und gar her aus;
> Er sprach: "Des acht ich nit ein laus;
> Ich gesich mir noch genuog." (8976ff.)

Mit solchen Darstellungen wird ein Publikumsgeschmack angesprochen, der sich an der heroischen Epik gebildet haben mag.

Der Spott des Erzählers trifft auch in diesem Abschnitt die kriegswütigen Bauern und ihre Verbündeten. Ironisch fordert der "Kaiser" die kriegstüchtige Hexe Frau Hächel, die Laurin als "hüerr" (8692; vgl. 8804) bezeichnet, mit der sprichwörtlichen (daher rot markierten) Bemerkung zum Kampf auf:

> Die frauwen sein vil rain und zart;
> Dar umb man sei auch eren schol. (8648f.)

Der Erzähler kommentiert ebenso ironisch: "Fro Hächel was ir eren fro" (8655). Ironisch wirkt eine weitere Kampfaufforderung des Lekdenspiss. Die Riesen spricht er als "minner in dem her" an und befiehlt ihnen, "durch frauwen er" (8857f.) zu kämpfen. Man erinnert sich an den *minner* Bertschi, der einst mit seinen Genossen "durch aller frawen eren" zum Streiten auftritt. Der Erzähler verhöhnt die Lappenhauser, als er berichtet, wie sie zu Rittern geschlagen werden:

> Des hiet man in geschenchet do
> Swert und hentschuoch, gürtlen so,
> Dar zuo guldin rittersporn:
> Do was es hie und dort verlorn. (8643ff.)

Bezeichnend ist, daß das *rittermachen* der Nissinger (8663f.) nur nebenbei erwähnt, aber nicht verhöhnt wird. Wiederum sind die

Nissinger positiver gezeichnet als ihre Feinde. Sie gehen vor der Schlacht beichten, wie es die kirchliche Vorschrift verlangt. Die Lappenhauser dagegen tun dies nicht, denn der Pfarrer weigert sich, ihre Beichte zu hören, "sam er auch nicht hörren scholt" (8572). Der rot markierte Erzählerkommentar hebt noch einmal das Unrecht der Lappenhauser hervor, da, wie Mittler erläutert, dem Priester nach der Lehre der Kirche nur den "iuste pugnantibus" zur Beichte zu sitzen erlaubt war.[18] Daß die Lappenhauser nicht beichten und nach der Weigerung des Priesters noch spöttisch werden, wiegt besonders schwer, weil das Beichtthema schon durch seine häufige Wiederholung als wichtige Lehre hervorgehoben ist.

Der Leser erfährt auch in diesem Abschnitt noch einmal, es sei vorbildlich, sich von einem Streit fernzuhalten (vgl. v. 8009ff.). Anderseits macht der Text klar, daß es Krieg nicht nur im Bereich von Lappenhausen und Nissingen gibt: die Städte kämpfen zu derselben Zeit mit den Rittern. Schon in vorausgehenden Abschnitten wurde darauf hingewiesen, ein Krieg könne überall und zu allen Zeiten ausbrechen, und es könne im gegebenen Fall gerechtfertigt sein, einen Feind zu bekämpfen. So erwähnte Haintz die kriegerischen Griechen und Römer (7428ff.), Strudel führte Moses an, dem Gott im Krieg half (6833ff.), Ruprecht sprach von dem Streit zwischen dem "himelher" und Luzifer (7304ff.). Unter Wittenweilers Bauern brachen immer wieder Streitigkeiten aus, die schließlich zum Krieg hinführen, und sogar die Tiere waren bisweilen nur allzu bereit, an einem Streit teilzunehmen. Die Handlung dieses Abschnitts zeigt, wie schnell der Krieg, einmal heraufbeschworen, große Ausmaße annimmt und außer Kontrolle gerät.

Die weite Verbreitung und augenscheinliche Unvermeidbarkeit des Krieges bieten eine Rechtfertigung dafür, daß im *Ring* ausgedehnte Lehren darüber erteilt werden, wie man sich bei einem Kampf verhalten soll. Die Lehren des letzten Abschnitts werden hier ergänzt, vor allem durch Strudel, der in dem *gespräch* mit den Nissingern und ihren Verbündeten (8097ff.) einerseits praktische Verhaltensregeln, besonders für den Hauptmann, mitteilt und anderseits kriegsrechtliche Fragen erörtert. Auch in Lappenhausen findet eine Beratung statt. Sie wird jedoch nur kurz erwähnt (8564ff.), während der gut informierte Strudel auf lange Zeit hin zu Wort kommt.

Strudels rechtliche Ausführungen behandeln zum Beispiel die Bestimmung von Beginn und Ende der Wehrpflicht, die Frage nach den Gefangenen oder das Beuterecht. Wittenweiler greift hier, wie Mittler darlegt, Kriegsrechtsprobleme seiner Zeit auf und berücksichtigt bei seinen Antworten auf diese Fragen einmal das römische, einmal das deutsche Recht, wobei ein Fortschritt vom überlieferten zum geschriebenen, auf Logik und Begrifflichkeit beruhenden Recht zu erkennen sei. Wenn man nun, Mittler folgend, hinter der Tendenz zum geschriebenen Recht die wachsende Rationalität des Bürgertums sieht und Wittenweiler als Vertreter dieser bürgerlichen Haltung betrachtet,[19] dann wird diese Einsicht dadurch verstärkt, daß bereits der meist logisch durchdachte, sorgfältig gegliederte Lehrvortrag wie auch die wohlausgewogene Komposition des gesamten Werks auf Rationalität des Autors schließen lassen. In der Praxis des Dörferkrieges ist jedoch nicht jedes Phänomen mit rationalistischen Methoden zu fassen: die dämonischen Kriegsgenossen verhalten sich nach eigenen Gesetzen; indem der Erzähler seinen Versuch, sie zu zählen, als mißlungen vorführt, weist er auf die Irrationalität des Krieges hin.

Unmittelbar vor dem Ausgang des Krieges findet noch einmal eine Beratung der Nissinger statt. Zum letzten Mal wird die bekannte Technik vorgeführt: Rede und Gegenrede stehen nebeneinander, beide sind mit der roten Farbe markiert. Man hört zwei verschiedene Ansichten über praktische Maßnahmen, wie man die Lappenhauser und ihr Dorf endgültig vernichten könne. Wenn man bei bisherigen Kriegsberatungen die Vorstellung gewonnen haben mag, die Meinungen eines Alten seien immer richtig, so wird diese nun modifiziert, da die Rede des einen Alten durch die des alten Pütreich, dem die erfolgreiche Ausführung seines Planes recht gibt, widerlegt wird.

Keinerlei Sympathie bringt der Erzähler hier für die alte Laichdenman auf. Er verurteilt ihre Tat als *mord* (9422). Die eigentliche Handlung stellt er nicht dar, sondern schreibt nur, Laichdenman habe ihre Pläne ausgeführt, und kommentiert:

Mit welhen dingen das geschach,
Ich noch niemant sagen schol:
Bosshait lert sich selber wol. (9444ff.)

Diese Verse weisen indirekt auf das vom Erzähler im Prolog angekündigte Ziel des Werks, des *ringes frucht*: *hübschichait, mannes zucht, tugend* und *frümchät*.

Es fällt auf, daß viele Verse der Schlachtdarstellung grün markiert sind. In der Tat sind spezielle Techniken, etwa wie man Hexen oder Riesen bekämpft, für den Streit zwischen Menschen meist nicht anwendbar, die Darstellung scheint also wirklich *schimpfes sag* zu sein, Unterhaltung für sensationsgierige Leser.

Rot markierte Stellen belehren über eine Kriegssitte (9407f.), auch über ein Vorurteil (7895f.), oder sie geben Sprichwörter und Redensarten wieder (9040f., 9110f., 9186ff., 9281, 9446) und belehren vor allem über vorbildliches Verhalten oder Reden in bezug auf die Schlacht (7946ff., 8586ff., 8675f., 8729ff., 8901ff., 9192ff., 9340ff.).[20] Auch der Bericht, die Schar "von sakman und preganten" und "schützen und schiltknechten" habe beim Streiten mitgeholfen (8084ff.), wird eigens als lehrhaft hervorgehoben.[21] Als vorbildlich ist dargestellt, daß man die Möglichkeit wahrnimmt, mit eigener Hand eine Schande zu rächen (9220f.). Unerklärlich ist die Farbverteilung in Strudels erster Rede an die Nissinger. Ohne erkenntlichen Grund wechselt mitten in seinem Bericht über Fülizan die rote Farbe zur grünen über (8179ff.).[22]

Strudel empfiehlt innerhalb seiner langen Kriegslehre, man solle sich im Frieden in *ritterschaft* "mit stechenn und turnieren" üben (8289ff.) und führt in diesem Zusammenhang eine Lehre über das richtige Reiten an, die viel gründlicher und ausführlicher ist als die während des Bauernturniers gegebenen Anweisungen. Man erinnert sich, wie unerwartet gering damals die Anzahl der Kampfanweisungen war. Im rückblickenden Vergleich erscheint das Turnier überwiegend als *schimpfes sag*, als Vorspiel, dem jetzt auf lange Strecken hin die *ernstleich sach* folgt. Parallelen zwischen dem Krieg und den Kämpfen des ersten Teils lassen sich leicht finden: der eingebildete Adel der Kämpfer und des Erzählers Spott darüber (vgl. v. 7971f. die bekannte Paronomasie *esel / edel*) oder die Verwendung von Wappen, die aus der Welt des Bauern stammen (7966, 7976), in der Erzählweise das Herausgreifen der Handlung einzelner Personen aus dem Gesamtgeschehen oder das systematische Aufzählen der Kampfteilnehmer, was hier wie dort die Kontrolle des Erzählers über sein Material augenfällig macht.

Bertschis Belagerung und Rettung (v. 9540-Ende)

Nachdem man während der Schlacht überhaupt nichts und auch unmittelbar vorher nur wenig von Bertschi gehört hat, tritt er zum Schluß der *narratio* noch einmal auf. In seinem befestigten Heuschober kann er sich nun zwar geschickt verteidigen, weiß jedoch keine Abhilfe dagegen, daß man ihn hungern läßt. Der Erzähler spottet über ihn, der einst eine halbe Kuh auf einmal verschlungen haben soll:

Trun, do hungert Pertschin hart!
Do was der held besessen. (9641f.)

Wenn Bertschi, obwohl nichts Heroisches von ihm bekannt geworden ist, hier *held* genannt wird, ist das so deutlich ironisch wie bereits zu

Beginn der *narratio* die Bemerkung, er sei "ein held reht sam ein giesfas" (112). Mit ironischer Schadenfreude fragt der Erzähler im nächsten Vers: "Was scholt der arman essen?" und schreibt danach— offensichtlich zur Belustigung der Leser:

> Secht, des was er doch nicht faul!
> Er schluog des häwes in sein maul
> Und baiss dar in, er cheuwet ser. (9644ff.)

Komisch wirkt allerdings auch die Reaktion der Nissinger. Der sonst so kluge und besonnene Strudel hält Bertschi für einen Dämon: "Dar von! Es ist ein wicht" (9648). Strudel flieht darauf mit seinen Dorfgenossen. Diese überstürzte Flucht ist umso erstaunlicher, als die Nissinger gerade von einer Schlacht zurückkehren, in der sich die Menschen häufig wie Unwesen verhielten, und sie daher durch den Anblick eines vermeintlichen Dämons nicht so stark erschüttert werden sollten. Augenscheinlich wird Bertschi also durch einen Zufall gerettet.

Neben Spott und *schimpfes sag* bietet die Belagerungsszene Lehrhaftes. Die rot markierten Verse berichten über Befestigungstechniken (9547-58), über Kenntnisse dessen, "daz zuo stürmen ghört" (9564-74), über psychologisch geschicktes Verhalten gegenüber Feinden (9629-31). In einigen Versen der grün markierten Abschnitte sind weitere augenscheinlich nützliche Techniken des Angriffs oder der Abwehr erwähnt (z.B. 9575-79 oder 9595-99).

Bertschis einsichtige Wehklage nach seiner großen *ammacht* ist ebenso rot markiert (9672ff.). In der Tat spricht nichts gegen die ernste Auffassung dieser Zeilen. Die Klage über den Verlust von Haus, Hof und Frau, über seine Schuld, die Lehren nicht beachtet zu haben, über seine Erkenntnis der Vergänglichkeit alles Irdischen wirkt in seiner Situation durchaus ernst.

Bertschi hätte wohl sein Leid verhindern können, wenn er einige Lehren beachtet hätte. Immer wieder warnten die Alten vor dem Krieg; auch über die Möglichkeit einer Flucht wurden Lehren erteilt. Zwar konnte man die kriegswütigen Lappenhauser nicht von ihrem Vorhaben abbringen, aber eine gerechtfertigte Flucht war möglich— spätestens nach Laichdenmans Prophezeiung über das grauenvolle Schicksal Lappenhausens und seiner Bewohner, die Bertschi während der Ratsversammlung hörte.

Auch die Hinweise auf Mätzlis Wertlosigkeit hätte er beachten sollen. Ohne seine Hochzeit wäre es wahrscheinlich nicht zum Ausbruch des Krieges gekommen. Er denkt jedoch nicht darüber nach, von allen Lehren bewegt ihn jetzt nur das *memento mori* Lastersaks:

> Wie chlaine wolt ich es gelauben—
> Nu sich ich selber mit den augen:
> Wer heut lebt, der stirbet morn!
> Wie schier ein man auch hat verlorn
> Alles, das er ie gewan! (9682ff.)

Es folgt die Erkenntnis, daß alles Irdische vergeht und nur *gottes vorcht* und *gottes minne* (v. 9690f.) von Dauer sind.

Die Konsequenz für Bertschi ist die Flucht in die Einsiedelei, worüber der Erzähler in grün markierten Versen berichtet. Es ist nicht von vornherein auszuschließen, daß es sich hier um eine ernsthafte Aussage des Erzählers handelt, da, wie man gesehen hat, auch eine grün markierte Stelle Lehrhaftes enthalten kann.

Eine ausführliche Argumentation für die ernste Auffassung der Flucht liefert Gaier. Bertschi gelange zu der Erkenntnis, daß er gesündigt habe und daher büßen müsse. Sein Verhalten im Verlauf der *narratio* sei eine Entwicklung von der Narrheit zur Weisheit.[23] Es ist jedoch möglich, gerade durch einen Rückblick auf Bertschis Verhalten und Denken nachzuweisen, daß er immer wieder Fehler macht, von denen spätere schlimmere Folgen haben als frühere.[24] Verschiedene Gründe sprechen dafür, Bertschis letzte Entscheidung als falsch und somit als Teil der Narrenhandlung aufzufassen. Die grüne Markierung ist daher nicht problematisch.

Schon zu Beginn der Erzählung nimmt Bertschi unter seinen Dorfgenossen eine besondere Stellung ein. Seine Liebe zu Mätzli ist der Grund, weshalb die Bauern zum Stechen aufreiten. Zum Turnieren entscheiden sich die Kämpfer erst nach seiner Aufforderung (867ff.); ohne ihn käme es also nicht zu der schmerzlichen Niederlage, die sie erdulden müssen. Bertschis Liebe zu Mätzli ist der eigentliche Anlaß auch des weiteren Geschehens, des "Hofierens," der Debatten, Beratungen und Belehrungen, der Feierlichkeiten, der Kämpfe; der *held* trägt weiterhin zu Mißerfolg und Unglück bei. Wegen seines Liebesbriefes kommt es zu Mätzlis Kopfwunde und zu ihrem Besuch bei dem Arzt Chrippenchra. Beim Hochzeitstanz ist Bertschi mit verantwortlich, wenn das Verhalten der Gäste immer unbeherrschter wird. Als es nämlich zwischen ihm und den beiden Alten, Colman und Laichdenman, beim Wetteifer um die Gunst des Spielmanns zu einem Kompromiß kommt, bricht das wilde Treiben erst wirklich aus:

Secht, do huob sich erst ein swingen,
Ochsendringen, kelberspringen! (6384f.)

Während der bald danach beginnenden Schlägerei läutet Bertschi in Lappenhausen die Sturmglocke. Das trägt unmittelbar zu einer solchen Vergrößerung des Streits bei, daß er, da nun die kriegswütigen Lappenhauser herbeigerufen sind, nicht mehr beigelegt werden kann, sondern in den großen Krieg ausartet. Weshalb Bertschi die Glocke läutet, erfahren die Leser nicht. Deutlich ist, daß seine Teilnahme am Geschehen jetzt größere Übel hervorruft als am Anfang.

Gegenüber Mätzli, dem ersehnten alleinigen Ziel seines Denkens und Handelns, bleibt Bertschi von Beginn bis Ende blind. Beim nächtlichen Ständchen ist dies der Grund einer komischen Szene: Bertschi hält Mätzlis Kehrseite für ihr holdes Gesicht. Nach der Brautnacht verkündet der Getäuschte: "Wisst, daz sei ein junchfraw was!" (7134). Während Mätzli für ihn weniger erstrebenswert wird, weil sie ihn betrügt, ist er bereit, in ihrem Dienst mehr für sie einzusetzen—beim Turnier sein eigenes Leben (194), später ein ganzes Land (2627f.)—und erscheint daher als ein immer größerer Narr.

Auch Bertschis Vorstellungen von sich selbst stimmen mit der Wirklichkeit nicht überein. Schon in den einführenden Versen heißt es, er bestehe darauf, daß man ihn *junkherr* nenne, und noch vor Beginn des Krieges nimmt er seine Ernennung zum Markgrafen ohne Widerspruch an. Wahrscheinlich erkennt er wegen dieser hohen Selbsteinschätzung nicht, daß Neidhart wie auch Fritz ihm ein nur ironisches Lob zollen (843ff., 3819ff.).

Bertschi ist anderseits fähig, sein Handeln wohl zu überlegen und dadurch an ein gewünschtes Ziel zu gelangen. Er verfährt ebenso geschickt mit Gunterfai, als er ihn zum nächtlichen Spielen aus dem Schlaf holt, wie später mit seinen Beratern und Prüfern, denen er mit Fuchs Reinharts Raffinesse begegnet. Manchmal beweist er auch richtige Kenntnis der gehörten Lehren; bisweilen verhält er sich den Unterweisungen entsprechend, so etwa während der Brautnacht, als er sich beträgt, "sam in der schreiber hiet gelert" (7043) oder auch bei der Belagerung, wo er die Warnung eines Sprichworts "vor alter veinten süessen botten" (9629) befolgt.

Beim Hochzeitsmahl sieht Triefnas "den ungelimph" (5946), denkt an seine Ausgaben und erinnert sich an die Lehre, man solle "chlaineu hochzeit" (5951) haben, um Schaden zu vermeiden. Als er darauf für Abhilfe sorgen will, fällt ihm des Apothekers Mahnung ein, für die Gesundheit sei *masse* notwendig. Daß er sich im richtigen Moment an eine zutreffende Lehre erinnert, ist löblich. Falsch ist jedoch die anschließende Anwendung. Wie ihm die unbeherrschten Fresser sofort bestätigen, ist es fehl am Platze, die Lehre, verbunden mit der Aufforderung, man solle nicht weiteressen, hier vorzutragen. Später erkennt Bertschi, daß das Salz beim Mahl gefehlt hat. Auch hier ist die Konsequenz aus seiner Einsicht nutzlos: er serviert das Salz zum Obst. Wenn er schließlich aus der Schlacht flieht, um auf seinem Heuschober Schutz zu suchen, so sorgt er dieses Mal ebenso verspätet für Hilfe: er hätte wie der alte Höseller rechtzeitig fliehen sollen.[25]

Als sich Bertschi vor der Flucht in das Waldleben an Lehren erinnert, die er einmal gehört hat, fällt er unmittelbar darauf eine Entscheidung, ohne daß er seine Situation prüft. Der Weg in den Schwarzwald ist in der Tat eine extreme Reaktion, ein überstürztes Handeln, mit dem er den Lehren Lastersaks folgt, ohne die vielen übrigen Belehrungen zu erwägen.[26] Diese Reaktion stimmt durchaus mit Bertschis bisherigem Verhalten überein. Beim Stechen beweist er schon, wie wenig *staete* er besitzt, als er plötzlich in eine Scheltrede über die "gunken, kotzen, bösen breken" (560) ausbricht und der Gedanke an Mätzli ihn dann sofort wieder still werden läßt. Beim Liebeswerben stürzt er sich ebenso in übertriebene Reaktionen: er beißt in die Hausmauer, klopft allzu heftig an des Spielmanns Tür, verschlingt "ein halbeu kuo" (2612) bei der Ankunft von Mätzlis erfreulicher Antwort. Bei der Ehedebatte will er sofort verzweifeln, als man ihn nicht nach seinen Vorstellungen berät—ihm ist es nicht möglich, eine Meinung gegen eine entgegengesetzte abzuwägen.

Auf ein Leben als Einsiedler ist Bertschi kaum vorbereitet. Die weitaus größte Zahl der Lehren richtete sich auf ein tätiges Leben in der Welt. Man erinnert sich an Richteinschands Worte vor der ausgedehnten Tugendlehre: Bertschi wolle sich "mit diser welt" betragen, man solle also entsprechende Lehren vortragen. Bertschi hätte nach dem Ende des Krieges die Möglichkeit, in der Welt außerhalb Lappenhausens und Nissingens ein neues Leben zu beginnen. Zumindest hat er die dafür nötigen Anweisungen gehört, und da er bisweilen Lehren richtig anwenden und auch Urteilskraft beweisen kann, wäre hier für ihn immerhin mehr Erfolg zu erwarten als beim Waldleben, dessen Probleme für ihn unbekannt sind.

Gewiß hat Bertschi in seinem bisherigen Leben Fehler begangen, aber nichts spricht gegen einen Neuanfang in der Welt; nirgends wird in den Lehren das Einsiedlertum als Buße für begangene Fehler verlangt, sogar Lastersaks *memento mori* forderte nicht dazu auf. Bertschi selbst äußert sich nicht darüber, ob er das Waldleben als freiwillige Buße auf sich nimmt oder ob er es nur deswegen wählt, weil er keinen anderen Ausweg sieht; der Erzähler liefert zu dieser Frage keinen Kommentar.

Bertschi erinnert sich an spezifische Lehren; würde er auch andere erwägen, so müßte er zu einem weniger extremen Schluß kommen. Man sah, daß Übelgsmach der Mahnung an den Tod einst eine sorglosere Ansicht gegenüberstellte (vgl. v. 4779ff.). Wenn Bertschi sich richtig an die Aussage erinnert, ein Mann könne "alles, das er ie gewan" schnell verlieren, so sollte er hier auch eine anderslautende Lehre nicht vergessen:

> Wie oft ein man verloren hat
> All sein hab in einem spil
> Und dar nach gwunnen zwir als vil! (4804ff.)

Darüber hinaus sollte Bertschi bedenken, was man ihm über Mätzlis Wertlosigkeit sagte. Dann würde er erkennen, wie wenig er an diesem häßlichen und betrügerischen "balg" (3436) verloren hat. Er hat es allerdings immer noch nicht gelernt, besonnen zu handeln, und kommt daher auch nicht zu einem für ihn sinnvollen Entschluß.

Über Bertschis Leben im Wald berichtet der Erzähler im letzten Satz der *narratio*, wobei er den Anfang grün zeichnet, das Ende (v. 9696) dagegen, indem er es nicht farblich markiert, bereits dem Epilog zurechnet:

> Da verdienet der vil gwär
> In gantzer andacht an gevär
> Nach disem laid das ewig leben. (9694ff.)

Bertschi selbst scheint von der Richtigkeit seiner Entscheidung überzeugt zu sein, da er nun sein Leben "in gantzer andacht" zubringt.[27] Sein guter Wille verdient wohl Anerkennung. Gewiß ist das ein Grund, weshalb er im Gegensatz zu Mätzli und zu dem *gpaur* im allgemeinen in keinem Kommentar streng kritisiert wird, wenn der Erzähler auch immer wieder über Triefnas spottet, diesen "degen säuberleich und stoltz," der sich als "tichter" im Briefschreiben übt und schließlich als "arman" Heu und Stroh verschlingt. Die Haltung des Erzählers gegenüber Bertschi verändert sich nicht; das unterstützt die Auffassung, daß sich Bertschi selbst nicht wesentlich verändert.

Da Bertschis Absichten wohl ehrlich sind, kann er am Ende des Epos "der vil gwär" genannt werden. Er selbst bemüht sich aufrichtig, sich das ewige Leben zu verdienen. Der Erzähler jedoch gibt durch die für den Epilog ausgewählte Formel für Gott

> Der wasser aus dem stain beschert
> Hat und auch ze wein bekert (9698f.)

einen Hinweis auf die Mitwirkung der göttlichen Wunderkraft an Bertschis Erlösung. Ein augenscheinlicher Zufall bedeutete gerade die Rettung des belagerten Bertschi; nun wird auch seine Seele nicht oder zumindest nicht allein durch seine eigene Anstrengung gerettet.

Unterstützt wird diese Interpretation dadurch, daß der Ausdruck "an gevär" einmal die herkömmliche Bedeutung "aufrichtig" und daneben die neuere Bedeutung "zufällig" hat,[28] die hier durchaus mitschwingen mag und dann das Verb *verdienet* ironisiert. Da Bertschi einen falschen Entschluß fällte, ist sein Leben im Schwarzwald nur in seiner eigenen Sicht einwandfrei ein Verdienst.

Wenn man annimmt, daß Wittenweiler ein Anhänger Ockhams war und es nach Ockhams Lehre wegen der absoluten Freiheit Gottes problematisch ist, im Sinne der traditionellen Theologie überhaupt von einem "Verdienen" des ewigen Lebens zu sprechen,[29] entgeht Wittenweiler diesem Problem dadurch, daß er den Ausdruck *verdienet* in ironisches Licht stellt. Indem der Erzähler einen Begriff der traditionellen Theologie im Text anführt, mag es ihm—zumindest vorübergehend—gelingen, seine Anhängerschaft zu Ockham zu verdecken; indem er den Begriff dann ironisiert—wenn nicht durch die Epilogformel, dann durch die neue Bedeutung von *an gevär*—können die auf Neuerungen hellhörigen Leser annehmen, der Erzähler weise gerade durch die Ironie im letzten Satz der *narratio* auf die neue Theologie hin.

Im Epilog selbst gibt es keine Anzeichen von Ironie. Der Erzähler kehrt mit seiner Bitte an Gott, er möge "uns," dem Erzähler selbst und seinem Publikum, das ewige Leben geben, zur direkten und ernsten Sprache des *prooemium* zurück und legt somit die Maske des *magister ludens* ab. Die Gemeinschaft mit dem Leser bleibt zwar aufrechterhalten, aber in Anbetracht dessen,

> Wie sich älleu dinch vergend,
> Die an unsern werchen stend,
> Dann allaine gottes vorcht,
> Gottes minne unverworcht (9688ff.)

kommt die für die *narratio* angenommene Rolle des Richters wie auch die des Anklägers nicht mehr zur Sprache.

Schluß

Auch im letzten Abschnitt der *narratio* wendet sich der Erzähler mit den bekannten Anreden, Fragen und Bemerkungen an die Leser (vgl. v. 9569, 9580, 9617f., 9628ff.), aber den Bericht über die Weltflucht des "Helden" muß man ohne die Hilfe von direkten Kommentaren interpretieren. Es hat sich herausgestellt, daß der Erzähler auch diesen Entschluß Bertschis nicht billigt. Noch im letzten Vers der *narratio* läßt sich ein Spiel mit verschiedenen Wortbedeutungen erkennen, lassen sich ironische, vielleicht sogar spöttische Klänge vernehmen. Das heißt aber nicht, der Erzähler sei von der Unbelehrbarkeit des Menschen schlechthin überzeugt und stelle somit seine Didaktik in Frage.[1] Der Leser hat ja erkannt, daß Bertschi einen anderen Entschluß hätte fällen sollen, wird die Flucht in den Schwarzwald daher als negatives lehrhaftes Beispiel betrachten.

Ein wichtiger Grund, weshalb Bertschi kritisches Sichten, Prüfen und Wählen und besonnenes, seiner Situation angemessenes Handeln nicht gelernt hat, mag darin liegen, daß man ihn nicht dazu anregte oder aufforderte. Man erinnere sich etwa an die lange Belehrung vor seiner Eheschließung. Ohne sich darum zu kümmern, ob er auf die Unterweisung vorbereitet sei oder überhaupt lernen wolle, befolgen die "Lehrmeister" dort engstirnig den Rat,

> So haiss man'n chömen so zehand
> Und setzt in nider zuo der want
> Und sagt im alles sunder wol,
> Was er tuon und meiden schol! (3749ff.)

Sie lassen ihn die langen, spröden Lehren einfach absitzen. Wenn diese einander widersprechen, ist er nicht fähig, die Diskrepanzen kritisch zu untersuchen; wenn sie eine Überzahl an Ratschlägen bieten, hat er nicht gelernt, für sich daraus eine Auswahl zu treffen.

Man betrachte dagegen das didaktische Geschick des *magister ludens*, der bereit ist, Zugeständnisse an die menschliche Unbeständigkeit zu machen. Auch er strebt danach, zu lehren, "was man tuon und lassen schol," bemüht sich dabei aber zunächst um die *benevolentia*, *attentio* und *docilitas* des Lesers und sucht diese dann auch aufrechtzuerhalten. Er lädt den Leser ein, mit ihm gegen die Narrenbauern, deren *gschrai* für Komik und Humor, für Anschaulichkeit der *ler* sorgt, Partei zu ergreifen und am didaktischen Spiel teilzunehmen. Dabei regt er ihn an, mit Widersprüchen zu arbeiten und aus der dargebotenen *ler* selbständig auszuwählen. Bereits beim Stechen bringt er ihn aufgrund von zwei sich widersprechenden Lehren dazu, die Problematik dieser konkreten Situation genau zu untersuchen, damit er dann entscheide, wie er "den nüwen bunt" gegen die traditionellen Stechregeln abwägen wird.

Beim Belehren Bertschis gibt es ebenfalls neben theoretischen Vorträgen leichter zugängliche anschauliche Beispiele wie etwa das negative Exempel des Hochzeitsmahls. Bertschi kommt dabei dann auch, wie man sah, zu einer wichtigen Einsicht über den *ungelimph*, erinnert sich richtig an eine gehörte Lehre, wie man Abhilfe schaffen könnte. Indem er aber diese *ärtznei* (5954) sofort darauf anwendet, reagiert er auf eine momentane richtige Einsicht, ohne zuvor die gesamte spezifische Situation zu überblicken und zu beurteilen.[2] Der enorme Appetit gerade dieser Hochzeitsgäste kann kaum durch eine Ermahnung eben dieses Bräutigams gebremst werden. Obwohl er "vil maisterleich" (5955) auftritt, erkennen sie in ihm einen *chnecht* (5974) und halten seiner zweifelhaften Autorität entgegen, "ein rechter artzet" (5975) würde sie nicht vom Weiteressen abhalten wollen. Es fehlt Bertschi die Distanz vom Geschehen, von seinen Mitmenschen, von sich selbst.[3]

Gerade auf den für ein besonnenes Urteil notwendigen kritischen Abstand vom Geschehen und den handelnden Personen wird der Leser—besonders in der ihm übertragenen Rolle des Richters—immer wieder hingeführt. Sogar dem überlegenen, manchmal geradezu allwissend erscheinenden Erzähler, der auf seinen eigenen Abstand von *der gpauren gschrai* bedacht ist, soll er kritisch gegenüberstehen. Das schließt, wie man gesehen hat, ein, daß er auch die rote und grüne Initialenmarkierung nicht unkritisch hinnehmen darf. Wer sich auf das Spiel dieses Erzählers einläßt, kann sich nicht bequem im Lesestuhl zurücklehnen; aktives, waches Lesen ist gefordert.

Wenn es bei den aufgezeigten Gegensätzen und Widersprüchen nicht immer gelingt, durch "fündlen und fragen" im Text selbst eine Lösung zu finden, so ist das, wo es nicht oder nicht allein auf das Ziel des Erzählers, den Leser zu Selbständigkeit zu erziehen, zurückzuführen ist, gewiß verschiedentlich den noch immer in bezug auf den *Ring* mangelnden Kenntnissen des heutigen Lesers, gewiß aber auch an manchen Stellen dem spätmittelalterlichen Autor zuzuschreiben. Da dieser in so vieler Hinsicht zwischen verschiedenen Welten steht—man denke etwa an die erwähnten Fragen des Rechts, der Theologie oder der ständischen Ordnung—ist zu erwarten, daß er keine eindeutige Antwort geben kann oder geben will. Bisweilen mag es sich weder um ein didaktisches Anliegen noch um ein Echo von Problemen der Zeit, sondern um eine persönliche Problematik Heinrich Wittenweilers handeln; das kann man etwa bei der zwiespältigen Einstellung des Advokaten zur gebundenen Sprache oder überhaupt zur Rolle des Dichters vermuten.

Wo immer der Leser bei der Frage, was er selbst "tuon und lassen schol," wegen der fehlenden eindeutigen Antwort des Erzählers auf eigenes Entscheiden angewiesen ist, ist er durchaus darauf vorbereitet. *Der welte lauff* mit seinen verschiedenen Verhaltensweisen und unterschiedlichen Normen wurde ihm ja gerade zum Sichten und Beurteilen vorgeführt. Er mag sich dann an eine Lehre im Text erinnern:

> Ein weiser man der chan her zellen
> Alleu stuk und dar aus wellen,
> Was daz besser wesen schol,
> Dar inn man spürt sein witze wol. (2735ff.)

Demgemäß kann er unter den gegebenen Richtlinien eine Auswahl treffen, oder er kann mit deren Hilfe zu neuen, eigenen Modifikationen, zu selbständigen Abgrenzungen gelangen. In bezug auf eine solche "Aktivierung des Lesers" mag man sehr wohl auf die Erkenntnistheorie des Nominalismus hinweisen, bei der es, wie Hermann Siebeck darstellt, nicht wie in der Tradition der Hochscholastik auf ein "bloßes Entgegennehmen von Objekten," sondern auf "die lediglich im Subjekt vor sich gehende Thätigkeit der Verknüpfung gegebener Inhalte" ankommt; es handelt sich dann um ein indirektes Bekenntnis Wittenweilers zu neuem Denken und neuem Lesen.[4]

"Des ringes frucht," *hübschichait, mannes zucht, tugend* und *frümchät*, erkennt man, indem man das *vingerli* "in rechter huot" hält, indem man den Text nicht passiv akzeptiert, sondern als Werkzeug beim Definieren der Tugenden handhabt. Wenn der *fructus finalis* traditionsgemäß *in correctione morum* zu sehen ist,[5] dann geht bei Wittenweiler einer solchen Veränderung eine *"correctio legendi"* vorauf, hervorgerufen durch das Spiel des Erzählers.

Anmerkungen

Einleitung

1. Edmund Wießner, Einführung zu *Heinrich Wittenwilers Ring*, Hrsg. E. Wießner (Leipzig, 1931; Darmstadt, 1964), S. 15. Wittenweilers Text wird in der vorliegenden Arbeit nach Wießners Ausgabe zitiert.
2. Einen allgemeinen Überblick über die Wittenweilerforschung bis 1976 liefert Bernward Plate in *Heinrich Wittenwiler* (Darmstadt, 1977).
3. S. Jörg Bismark, *Adlige Lebensformen in Wittenwilers "Ring"* (Augsburg, 1976), S. 21ff.; s. auch Plate, S. 23ff.
4. Vgl. Bismark, S. 17ff.
5. S. Bismark, S. 27ff.
6. Wolfgang Kayser, "Die Anfänge des modernen Romans im 18. Jahrhundert," *DVjs*, 28 (1954), 429; Franz Stanzel, *Typische Formen des Romans* (Göttingen, 1965), S. 18. Vgl. Eberhard Lämmert, *Bauformen des Erzählens* (Stuttgart, 1968), S. 67ff. Zu einer Kritik an diesem Erzählerbegriff vgl. Käte Hamburger, *Die Logik der Dichtung* (Stuttgart, 1968), z.B. S. 225, 237. Gegen Hamburger und für das Beibehalten der bekannten Definitionen des Erzählers argumentiert Günter Mecke in *Zwischenrede, Erzählfigur und Erzählhaltung in Hartmanns von Aue "Erec"* (Diss. München, 1965), z.B. S. 199 und besonders S. 200.

Warum es bei einer Betrachtung des *Ring* gerechtfertigt ist, Erzähler und Autor zu trennen, bespricht Jürgen Babendreier eingehend. S. Jürgen Babendreier, *Studien zur Erzählweise in Heinrich Wittenwilers "Ring"* (Diss. Kiel, 1973), S. 38-47.

7. In bezug auf die Kennzeichen, die auf den Erzähler weisen, s. die noch immer gültigen Ausführungen in Käte Friedemann, *Die Rolle des Erzählers in der Epik* (Berlin, 1910; Darmstadt, 1965).

Der *Ring* bietet, wie man sehen wird, eine Vielzahl von solchen Ausrufen ("Woi, wie laut sei schreuwen" [320]), Anreden ("Lieben gsellen, höret" [82]), Adjektiven ("Do sprach der Neithart werde" [789]), Vergleichen ("Sam er gedraiet wär aus holtz" [64]), Zwischenreden ("Ob ich es rechte brüefe" [609]) und direkten Kommentaren ("Und fuor do hin, daz faren scholt" [1219]). Auch die indirekten Hinweise auf den Erzähler lassen sich, wie der Leser gleich zu Beginn der *narratio* erfährt, häufig und unschwer erkennen. So deutet etwa bei der Anordnung der Handlung die verschiedentlich angewandte spezifisch didaktische Technik der Wiederholung unverkennbar auf den erzählenden Lehrmeister.

8. Mit der ausführlichen Darstellung dieser Dynamik unterscheidet sich die vorliegende Untersuchung von anderen Erörterungen der Erzählerrolle im

Ring. Man vergleiche besonders die Ausführungen von Jürgen Babendreier und die von Jutta Nanninga; beide kommen wiederholt zu Ergebnissen, die sich mit denen der vorliegenden Arbeit überschneiden. Vgl. Jürgen Babendreier, etwa S. 38ff., 107ff., 153ff., 217ff. und Jutta Nanninga, *Realismus in mittelalterlicher Literatur. Untersucht an ausgewählten Großformen spätmittelalterlicher Epik* (Heidelberg, 1980), besonders S. 38f., 43f., 49, 51, 83, 130, 200ff. Da jedoch allein die vorliegende Arbeit dem Nacheinander des *Ring*textes konsequent folgt, wird es nur hier möglich, den didaktischen Prozeß im Verlauf der Erzählzeit zu registrieren.

9. Vgl. Bismark, S. 24, 30.

Kapitel I

1. Wolfgang Kayser, *Das sprachliche Kunstwerk* (Bern, 1960), S. 201.
2. "Durchweg handelt es sich bei solchen Einführungen um ein unmittelbares Zwiegespräch zwischen dem Erzähler und seinen Zuhörern, unmittelbarer jedenfalls als ihre Korrespondenz während des zu erzählenden Handlungsverlaufs. Noch ist keine der handelnden Personen aufgetreten und hat sich zwischen Erzähler und Hörer gestellt, und auch der Vorgang selbst hat noch nicht begonnen, ein 'Eigenleben' zu führen." Lämmert, S. 147.
3. Hennig Brinkmann, "Der Prolog im Mittelalter als literarische Erscheinung. Bau und Aussage," *Wirkendes Wort*, 14 (1964), 7f.
4. Winfried Schlaffke, *Heinrich Wittenweilers "Ring." Komposition und Gehalt* (Berlin, 1969), S. 9-13.
5. S. Jürgen Belitz, *Studien zur Parodie in Heinrich Wittenwilers "Ring"* (Göppingen, 1978), S. 27ff. und Babendreier, S. 217ff.
6. Ernst Robert Curtius, *Europäische Literatur und lateinisches Mittelalter* (Bern, 1948), S. 94.
7. Auf die Kürze weist auch Belitz (S. 28) in seiner eingehenden Untersuchung des Prologs hin. Mein Kapitel über den Prolog, eine leicht veränderte Fassung der Ausführungen, die bereits in meiner Dissertation zu finden sind (s. Christa Maria Cross, *Heinrich Wittenwilers "Ring." Erzähler und Leser*, Diss. University of California, Los Angeles, 1972), berührt sich an verschiedenen Stellen mit der Interpretation von Belitz wie auch mit Jürgen Babendreiers Untersuchungen zum *Ring*prolog, wobei aber zu bemerken ist, daß die drei Interpretationen in verschiedene Richtungen gehen.
8. Edmund Wießner, *Kommentar zu Heinrich Wittenwilers "Ring"* (Leipzig, 1936; Darmstadt, 1964), S. 7: "In dem namen des vaters und des sones und des heilgen geistes etc. so wil dis bůch anevohen. Das helf mir die koniglich můtter Maria und die heilige drifaltikeit . . . das helf mir der heilge geist und die wurdige můtter maget Maria und alle lieben gotes heilgen."
9. Die in diesem Abschnitt erwähnten allgemeinen literarhistorischen Tatsachen findet man bei Hennig Brinkmann (S. 4, 6 und 7) mit Belegen aufgezeichnet.

10. In bezug auf die Zweiteilung des Prologs gehen die Meinungen in der *Ring*literatur auseinander. S. Schlaffke, S. 9ff.; Babendreier, S. 217ff.; Belitz, S. 304, Anm. 19 und S. 32; Alois Wolf, "Überlegungen zu Wittenweilers *Ring*," *Festschrift Cordes*, Hrsg. Friedhelm Debus und Joachim Hartig, Bd. 1: Literaturwissenschaft und Textedition. (Neumünster, 1973), S. 209, Anm. 2.
   Ich stimme Bernhard Sowinski zu, wenn er von der Titelangabe in v. 8 und der "Zielsetzung des Werkes," deren Angabe bereits in v. 10 beginnt, sagt, daß sie "nach der traditionellen Prologtheorie erst in den zweiten Teil gehören" (Bernhard Sowinski, Schlaffke-Rezension, *AfdA*, 83 [1972], S. 28). Sowinski meint (ebda.), da Wittenweiler diese "Einzelheiten" "noch innerhalb des ersten Satzes" seines Prologs biete, sei eine "klare Abgrenzung zwischen Proömium und prologus ante rem hier kaum möglich." Gewiß wäre eine solche Abgrenzung leichter durchzuführen, wenn auch ein syntaktischer Einschnitt vorläge und außerdem das *prooemium* nicht so kurz ausgefallen wäre. Im *Ring* erfolgt allerdings auch der Übergang von der *narratio* zum Epilog innerhalb desselben Satzes: v. 9695, grün markiert, ist das Ende der *narratio*, mit v. 9696 beginnen die Zeilen des Epilogs, die keine Initialenmarkierung haben. Obwohl der Erzähler des *Ring* in aller Kürze zur Angabe des Titels kommt, erscheint es mir sinnvoll, v. 1-7 als *prooemium* zu betrachten, da sich gerade durch den Vergleich mit der Tradition zeigt: dieser Erzähler ist sich der literarischen Tradition durchaus bewußt, folgt ihr aber nur in ihren Grundzügen, verleiht seinem Erzählen damit innerhalb der Tradition der Dichter eine Sonderstellung.
   11. Weitere Bedeutungen von *taiding* führt Belitz (S. 38) auf.
   12. Vgl. bei Wießner, *Kommentar*, S. 8 die zur Stelle angegebenen Zeilen aus den *Gesammtabenteuern* und aus einem Lied der *Carmina Burana*.
   13. Zitiert nach Kunrat von Ammenhausen, *Das Schachzabelbuch*, Hrsg. Ferdinand Vetter, Bibliothek älterer Schriftwerke der deutschen Schweiz, Serie 1, Ergänzungsband (Frauenfeld, 1892).
   14. Zur Formel von Zuneigung und Ablehnung vgl. Bruno Boesch, *Die Kunstanschauung in der mittelhochdeutschen Dichtung* (Bern und Leipzig, 1936), S. 102ff.
   15. Wießner, *Kommentar*, S. 8 (zu v. 8-11); Ulrich Gaier, *Satire. Studien zu Neidhart, Wittenwiler, Brant und zur satirischen Schreibart* (Tübingen, 1967), S. 100ff. Vgl. auch Babendreier, S. 225f.
   16. Gaier, S. 111, 108.
   17. Gaier, S. 102f.
   18. S. Elmar Mittler, *Das Recht in Heinrich Wittenwilers "Ring"* (Freiburg, 1967), S. 15f.
   19. Vgl. Matthias Lexer, *Mittelhochdeutsches Handwörterbuch* (Leipzig, 1872-1878), 1, Sp. 203. Dort wird für *bescheiden* neben der Grundbedeutung "scheiden, trennen" die übertragene Bedeutung "deutlich berichten, erzählen, benachrichtigen," die man an dieser Stelle im *Ring* zunächst annimmt, aufgeführt. Außerdem findet man den Hinweis auf zahlreiche Belegstellen für die Anwendung des Verbs im Sinne von "entscheiden, schlichten" mit dem Bezug auf die Tätigkeit des Richters.

20. Vgl. Lexer, 2, Sp. 443.
21. Verena Labhart, zitiert bei Mittler, S. 14.
22. Weniger wortkarg als Wittenweiler ist an entsprechender Stelle des *Edelstein* Ulrich Boner. Auch er nennt und erklärt zunächst den Titel; er weist auf den Nutzen des Buches hin (v. 64-70) und liefert darauf die praktische Anmerkung:

> wer oben hin die bîschaft siht
> und inwendig erkennet niht,
> vil kleinen nuz er dâ von hât,
> als wol hie nâch geschriben stât. (71ff.)

(Ulrich Boner, *Der Edelstein*, Hrsg. Franz Pfeiffer [Leipzig, 1844]).

23. Vgl. Heinrich Lausberg, *Handbuch der literarischen Rhetorik* (München, 1960), 1, §272: "docilem sine dubio et haec ipsa praestat attentio; sed et illud, si breviter et dilucide summam rei de qua cognoscere debeat, indicaverimus. . . ." (Quint. 4, I, 34). Und: "dociles auditores habere poterimus, si summam causae breviter exponemus et si attentos eos faciemus . . . attentos habebimus . . . si numero exponemus res quibus de rebus dicturi sumus" (Ad C. Herennium I, 4, 7).

24. Bereits Rudolf von Ems zeigt diese Verschiedenheiten im *Alexander* auf:

> Nû scheident abr die liute sich,
> ir site sind vil mislich:
> einer hoeret gerne
> wie Dietrîch von Berne
> mit kraft in vremden landen streit,
> von Artûses hövescheit
> wil ouch einer hoeren sagn,
> einer von den liehten tagn,
> einer wil von minnen,
> einer von wîsen sinnen,
> von Gote ouch einer hoeren wil. (20665ff.)

Zitiert bei Werner Fechter, *Das Publikum der mittelhochdeutschen Dichtung*, Deutsche Forschungen, 28 (Frankfurt, 1935; Darmstadt, 1966), S. 73f.

25. Vgl. Wießner, *Ring*, S. 345: Zeilen 6937-39, 8643-46, 948, 1840, 6892, 8257, 8674. Wießner verzeichnet dort auch alle rot oder grün markierten Verse.

Einen fortlaufenden vollständigen Kommentar zu der Verteilung der Initialenlinien liefert Helmut Funke (S. Helmut Funke, *Die graphischen Hinweise Heinrich Wittenwilers für das Verständnis seiner Dichtung "Der Ring,"* [Diss. Münster, 1973]). Er übermittelt detaillierte Hinweise auf die Markierungen in der Handschrift, liefert neben seiner eigenen Interpretation zur Stelle jeweils die Meinungen anderer Forscher. Bei der vorliegenden Arbeit wird eine solche Vollständigkeit nicht angestrebt; mehrere Stellen, aus denen man keine neuen Einsichten zum Thema gewinnen kann, sind hier nicht erwähnt, dafür wird aber die Initialenmarkierung hier immer wieder in einen größeren Zusammenhang verwiesen, da sie als spezifischer Erzählerkommentar innerhalb einer fortlaufenden Untersuchung der Erzählerrolle betrachtet wird.

26. S. Friedrich Ranke, "Zum Formwillen und Lebensgefühls in der deutschen Dichtung des späten Mittelalters," *DVjs*, 18 (1940), 311.

27. Vgl. Wießner, *Ring*, S. 341f.; vgl. ebenso Mittler, S. 17.

28. Es sei denn, man nimmt an, die Initialenmarkierung sei eine Aufforderung, beim mündlichen Vortrag auf irgendeine Weise zwischen den beiden Schichten des Werkes zu unterscheiden. Selbst dann sollte man jedoch ein lesefähiges Publikum voraussetzen, da Wittenweiler, wie sich zeigen wird, Kenntnisse—unter anderem oft recht detaillierte literarische Kenntnisse—erwartet, die man sich schwerlich nur durchs Zuhören erwerben kann.

29. Vgl. hierzu die Ausführungen bei Fechter. Zur Lektüre von Didaktik beim Bürgertum s. S. 96.

30. Fechter, S. 2: "Das Bauerntum braucht uns hier nicht weiter zu beschäftigen; weder als Schöpfer noch als Publikum der mhd. Dichtung kommt es in Frage." Auch die Bauern im *Ring* bedürfen beim Lesen und Schreiben der Hilfe des Dorfschreibers. Man beachte in diesem Zusammenhang die Klage Mätzlis:

> We mir heut den tag!
> Daz ich so wench gelernet hab
> Lesen und auch schriben. (1959ff.)

31. Bismark erörtert dies verschiedentlich mit Bezug auf den *Ring*; s. etwa S. 67, 88 oder 111.

32. Vgl. hierzu auch Schlaffke, S. 14f, Anmerkung 1.

33. *Wolfram von Eschenbach*, Hrsg. Albert Leitzmann und Wilhelm Deinert, Altdeutsche Textbibliothek, Nr. 12 (Tübingen, 1961), 3, 30ff.

34. Babendreier stellt die Aussage, der Mensch sei "chlainer stät" (v. 32), der Erkenntnis Bertschis: "Wie chlaine wolt ich es gelauben" (9682) gegenüber und schreibt, es bestünden "auf der Identität der Verhaltensform ('chlain') basierende Ähnlichkeiten zwischen Bertschi und dem vom Erzähler angesprochenen Menschen" (Babendreier, S. 232). Da es aber in den zwei Verszeilen um verschiedene Dinge geht: einmal um die menschliche Beständigkeit, das andere Mal um Bertschis Bereitwilligkeit, einer vorgetragenen Lehre Glauben zu schenken, und dabei das Wort "chlain"—im einen Fall attributiv, im anderen adverbial—jeweils nur eine nähere Bestimmung ausdrückt, ist es meines Erachtens nicht überzeugend, wenn Babendreier aus diesen beiden Stellen ableitet, die Menschen "chlainer stät" seien Bertschi gleichzusetzen.

Aufgrund weiterer Überlegungen, die hier nicht im einzelnen betrachtet werden sollen, kommt Babendreier zu Gleichsetzungen, die der in der vorliegenden Arbeit wiederholt durchgeführten Trennung von Erzähler und Publikum einerseits und närrischer Gegenpartei der Bauern anderseits widersprechen. Babendreier argumentiert: die "guoten" (v. 5) = die Menschen "chlainer stät" = Bertschi = die "bösen" (v. 6) = die "gpauren" (vgl. S. 232f.).

Unterbricht man aber diese Kette an der besprochenen problematischen Stelle: die Menschen "chlainer stät" = Bertschi, so ergibt sich daraus, daß der Trennung zwischen Partei und Gegenpartei kein einwandfreies Argument entgegensteht. Mit einer solchen Trennung sind Babendreiers ausführliche Argumente über die *insinuatio* des Erzählers im Prolog (S. 234ff.) nicht zu vereinbaren.

35. Man denke etwa an die bis zur Ermüdung wiederholten Entschuldigungen im Prolog zum *Schachzabelbuch*.

36. *Eine Schweizer Kleinepiksammlung aus dem 15. Jahrhundert*, Hrsg. Hanns Fischer, Altdeutsche Textbibliothek, Nr. 65 (Tübingen, 1965). Ähnlich verwehrt sich Ammenhausen an anderen Stellen des Prologs gegen diejenigen Mitglieder seines Publikums, denen sein Werk nicht gefallen mag; vgl. 134ff., 633ff., 790ff.

37. Zu dieser Bedeutung von *mär* s. Wießner, *Kommentar*, S. 12 (zu v. 51). Vgl. ebenso *Schachzabelbuch*, v. 115 und deutlicher v. 340ff. Schlaffke (S. 12) schreibt zur Stelle, Wittenweiler gebe seinen Lesern die Freiheit, das Epos als *mär* zu nehmen, "d.h. sowohl die Lehre als auch die komische Bauernhandlung sind als eine frei erfundene, aus der Phantasie geschöpfte Erzählung zu betrachten." Gaier dagegen versteht das Wort *mär* als einen Teil des Werks und stellt als Kompositionsprinzip des Werks die Begriffstrias *nutz*, *tagalt* und *mär* auf (s. Gaier, S. 107f. und 112f.). Gegen ein dreischichtiges oder dreigliedriges Kompositionsschema spricht jedoch der bis zum Ende des Epos durchgehende und bereits im Prolog betonte zweiteilige Aufbau: hier *ler*, *ernst* und *nutz*, sichtbar gemacht durch die rote Farbe, da *gpauren gschrai*, *schimpf* und *tagalt*, gekennzeichnet durch die grüne Farbenlinie. Außerdem lassen Form und Inhalt des Prologs vermuten, daß der Erzähler hier gegen Ende des *exordium* sich nicht darum bemüht, einen relativ kleinen Teil der Handlung eigens hervorzuheben, zumal er sie vorher im Gegensatz zur Lehre völlig ungegliedert ließ.

38. Lausberg, §288.

39. Belitz meint, es seien bereits für die Anfangsverse des Prologs "ironisch-parodistische Absichten nicht auszuschließen" (S. 29) und glaubt, bei der darauffolgenden Titelangabe sei "parodistische Absicht . . . nicht anzunehmen, aber auch nicht ganz auszuschließen" (S. 29). Deutlich erkennbar sind Ironie und Parodie erst später für den Leser—frühestens am Ende des Prologs, ohne Zweifel zu Beginn der *narratio*.

40. Dieser Satz ist bereits in meiner Dissertation enthalten. Ich weise deswegen eigens darauf hin, weil in einer späteren Dissertation eine in Wortwahl und Syntax allzu ähnliche Stelle zu finden ist und man annehmen könnte, ich bezöge mich darauf. Dasselbe gilt für einen Satz auf S. 19 der vorliegenden Untersuchung ("Der Erzähler unterstreicht. . . .") und einen weiteren auf S. 17 (". . . die Namen von Ort und Tal . . .").

41. Johan Huizinga, *Homo ludens. Versuch einer Bestimmung des Spielelementes der Kultur* (Köln, [1949]), S. 12.

Kapitel II

1. So heißt es bei Hans Sachs. S. Wießner, *Kommentar*, S. 13 (zu v. 56).
2. Schlaffke (S. 15) sieht darin eine Vorausdeutung besonders auf den dritten Teil.
3. Später weist einer der Lappenhauser Bauern selbst auf den Reichtum des Dorfes hin: vgl. v. 7248ff.
4. S. die Angabe von Parallelstellen in Wießners *Kommentar*, S. 13f. (zu v. 59f.).
5. *Die Lieder Neidharts*, Hrsg. Edmund Wießner und Hanns Fischer, Altdeutsche Textbibliothek, Nr. 44 (Tübingen, 1963), S. 120f. Vgl. Richard Brill, *Die Schule Neidharts. Eine Stiluntersuchung*, Palaestra, 37 (Berlin, 1908), S. 128f., wo von dem Auftauchen des Ber bei den Nachahmern Neidharts die Rede ist.
6. Vgl. Lausberg, §902.
7. Vgl. Wießner, *Kommentar*, S. 16ff.
8. Vgl. Wießner, *Kommentar*, S. 19f. (zu v. 102): "Die empfindsame Phrase 1295 'nach dir so wil ich sterben' . . . wird hier spöttisch verzerrt."
9. Man vergleiche hierzu Paul Lehmann, *Die Parodie im Mittelalter* (Stuttgart, 1963), S. 4.
10. Funke (S. 45) bemerkt, die unterschiedliche Markierung bei der Einführung Bertschis und der Mätzlis sei zunächst überraschend; er geht auf die grün markierte Einführung Bertschis nicht weiter ein.
11. S. Wießner, *Kommentar*, S. 20 (zu v. 107). Wießner macht hier auf einen Widerspruch in der Zahlenangabe im *Nibelungenlied* und im *Beowulf* aufmerksam. Wenn es im *Nibelungenlied* heißt, Siegfried sei "selbe zwelfte" ausgezogen, und wenn ihn später aber zwölf Recken begleiten, so kann die Aufzählung im *Ring* als Parodie eines solchen Widerspruches gelten, der sich diesmal nicht durch Addition, sondern Subtraktion ergibt. Zahlreiche Anspielungen auf die Heldenepik enthält der dritte Teil des *Ring*.
12. Edmund Wießner, "Neidhart und das Bauernturnier in Heinrich Wittenwilers *Ring*," *Festschrift Jellinek* (Wien, 1928), S. 193.
13. Vgl. Wießner, *Kommentar*, S. 21 (zu v. 120).
14. Zu der ironischen Verwendung von *her* gibt es im *Ring* zahlreiche Parallelstellen. S. Wießner, *Kommentar*, S. 28 (zu v. 191).
15. Vgl. z.B. den Bericht über Farindwands Tod:

Also fuor do Farindwand
Da hin gen Schläuraffen land
Mit seiner sel: daz was ͤir fuog. (5909ff.)

16. Die Lieder Neidharts waren im späten Mittelalter weithin bekannt; ebenso war die Neidhartlegende bereits zu Beginn des 14. Jahrhunderts verbreitet. Vgl. Brill, S. 1, 32, 138. Das älteste Neidhartspiel ("St. Pauler") setzen die Literaturgeschichten bekanntlich um 1350 an.
17. Zu diesem Perspektivenwechsel als Erzähltechnik der epischen Dichter vgl. Kayser, S. 212f.

18. Es ist anzunehmen, daß Wittenweilers Leser das Wappen erkannten, denn wahrscheinlich erhielt Neidhart schon im 14. Jahrhundert den Beinamen "Fuchs." Auch trägt die Figur des Grabdenkmals an der Wiener Stephanskirche, wo Neidhart von Reuental begraben sein soll, einen Schild mit einem Wappenrelief, das allem Anschein nach einen Fuchs darstellt. Vgl. Wießner, *Kommentar*, S. 24f. (zu v. 157), ebenso Eckehard Simon, *Neidhart von Reuental* (Cambridge, Mass., 1968), S. 135 und 139. Zu dem Grabdenkmal schreibt Simon (S. 140): "Wessen sterbliche Überreste nun um 1350 durch . . . das stattliche Grabmal verehrt worden sind—wohl kaum die des Reuentalers—werden wir heute nicht mehr feststellen können. . . . Doch wäre in jedem Falle anzunehmen, daß das Denkmal dem Neidhart galt, den die Legende geschaffen hatte."

19. Vgl. Schlaffke, S. 24, zur Aufteilung des Stechens in die Einführung, das erste und das zweite Stechen und das Nachspiel.

20. Otto von Greyerz, "Schweizerische Dichtung," *Reallexikon der deutschen Literaturgeschichte*, Hrsg. Paul Merker und Wolfgang Stammler, 3 (Berlin, 1928-1929), 232. Vgl. ebenso Gustav Ehrismann, *Geschichte der deutschen Literatur bis zum Ausgang des Mittelalters*, 2. Teil, 2. Abschnitt, 2. Hälfte (München, 1935), S. 485.

21. Wießner (*Kommentar*, S. 33 [zu v. 289ff.]) und Gaier (S. 121) betrachten Haintzos Bemerkung (271ff.) als Scherz. Sollte aber Haintzos Aussage wirklich, wie Gaier meint, "inhaltlich gar nicht ernst gemeint" sein, sondern ihm nur "einen guten Abgang sichern," dann ist es unerfindlich, warum er Neidhart ein allem Anschein nach aufrichtiges Beichtbekenntnis ablegt und danach "mit henden und mit füessen" (818) eine Bußwallfahrt nach Rom macht. Wittenweilers Lappenhauser unterziehen sich gewöhnlich keiner großen Mühe, wenn sie sich dadurch keinen Gewinn erhoffen. —Man könnte nun vermuten, Haintzo sei bereits vor seinem Unfall ein getaufter Christ gewesen und bezeichne sich aus Scherz als Mitglied in "der ketzer orden" (273). Jedoch bleibt dann unverständlich, weshalb ihn Chuontz ernsthaft als Juden bezeichnet (306) und Neidhart ihn *ketzer* (812) nennt. Es ist sinnvoller, anzunehmen, daß Haintzo wirklich glaubt, die Taufe empfangen zu haben, wie er und seine Dorfgenossen ja auch wirklich glauben, Neidhart sei "des heiligen gaistes vol" (667), daß ihm als törichtem Lappenhauser die Belehrung entgeht und er sich somit auch nach Chuontz' Rede weiterhin als Christ betrachtet.

22. Die Differenzierung im Verhältnis zwischen Lehrenden, Lehren und Situationen des Lebens weist Gaier (S. 114f.) nach.

23. Vgl. Wießner, *Kommentar*, S. 33 (zu v. 289ff.); ebenso Mittler, S. 30f. Bemerkenswert ist die von Mittler (S. 30) angeführte Übereinstimmung zwischen den *Ring*versen 293f. und der Zeile "inter baptizantem et baptizatum debeat esse discretio" aus einem Brief des Papstes Innozenz III., der einen Haintzos Selbsttaufe ähnlichen Fall behandelt.

24. Vgl. Wießner, *Kommentar*, S. 35 (zu v. 334).

25. Hermann von Sachsenheim, *Die Mohrin*, v. 4092., zitiert bei Wießner, *Kommentar*, S. 35 (zu v. 334).

26. S. Wießner, *Kommentar*, S. 35 (zu v. 334). Auf die hier besprochene Problematik dieser Stelle geht Funke nicht ein. Er schreibt, die rote Farbe sei berechtigt für die Widerrede des Chuontz, und der Rat des Lekdenspiss könnte wie die Beschreibung Mätzlis und das Hochzeitsessen als indirekte Belehrung betrachtet werden. Vgl. Funke, S. 49f.

27. Nanninga schreibt (S. 43) zum *Ring* wie auch zu den Werken *Der Pfaffe Âmîs*, *Die Geschichte des Pfarrers vom Kalenberg*, *Neidhart Fuchs* und *Till Eulenspiegel* (der außerdem von ihr untersuchte *Reinke de vos* ist hier ausgenommen), daß sie "ein distanziertes Verhältnis erkennen lassen, das der Erzähler zum Publikum einnimmt. Es muß sich sein Urteil selbständig bilden, seine Reflexion wird aktiviert."

28. Funke meint, die Verse enthielten eine indirekte Lehre. Eisengrein gebe ein Beispiel dafür, wie ein Kämpfer sich bei einer Niederlage nicht verhalten solle, dieser solle vielmehr seine eigene Schuld an der Niederlage erkennen. Diese Interpretation ist allerdings nicht problemlos, wie Funke erkennt. "Der rote Strich müßte auch die beiden folgenden Verse kennzeichnen, die den Abschluß von Eisengreins Entlastungsrede bilden und die Mentalität des überwundenen Streiters . . . nochmals als negative Didaxe beleuchten" (S. 52).

29. Vgl. Wießner, *Kommentar*, S. 43 (zu v. 520).

30. Bernhard Sowinski, *Der Sinn des "Realismus" in Heinrich Wittenwilers "Ring"* (Diss. Köln, 1960), S. 30. Sowinski reiht hier auch die Verse 1153ff. und 2101ff. ein. Hierzu siehe auch Franz Brietzmann, *Die böse Frau in der deutschen Literatur des Mittelalters*, Palaestra, 42 (Berlin, 1912), etwa S. 124 oder 132 oder 158.

31. Die Gesetze und Gebräuche der Kirche sind bei Mittler (S. 20ff.) ausführlich wiedergegeben.

32. Man erinnert sich hier an Gottfrieds Verse über das Gottesurteil (*Tristan*, 15733ff.), die gewiß weniger eindeutig sind und daher mehr Probleme bei der Interpretation bieten. Die Stelle wird häufig als Blasphemie aufgefaßt, obwohl es, wie A. T. Hatto schreibt, sehr gut möglich ist, daß die darin enthaltene Kritik nicht auf Christus selbst (vgl. "der wintschaffen crist") zielt, sondern auf Gottfrieds Zeitgenossen, nämlich deren Idee und Praxis des Gottesurteils. Vgl. Gottfried von Straßburg, *Tristan*, Übers. A. T. Hatto (Baltimore, 1960), S. 19f.

33. Vgl. Mittler, S. 25: "Das ganze Mittelalter nämlich kennt die Beichtbücher und Beichtformeln vor Erfindung der Druckkunst in den zahlreichsten Handschriften." Zur Beichtpraxis vgl. das im *Ring* selbst ausgesprochene Kirchengebot:

> Hier zuo du gepunden pist
> Und iecleich mensch, daz cristan ist,
> Dem rechten pharrer sunderbar
> Einest zpeichten in dem jar. (4052ff.)

34. Mittler, S. 18f.

35. Wießner, "Neidhart und das Bauernturnier," S. 202ff.

36. Gaier, S. 126. In dieser Fassung (vgl. Wießner, "Neidhart und das Bauernturnier," S. 203f.) versucht Neidhart, vor den Bauern zu fliehen. Es gelingt ihm wegzukommen, indem er ihnen verspricht, einen Ordensbruder zu schicken, der sie lossprechen werde.

37. Vgl. Wießner, "Neidhart und das Bauernturnier," S. 203f.

38. Alwin Schultz, *Deutsches Leben im XIV. und XV. Jahrhundert* (Wien, 1892), S. 135; vgl. auch S. 136. Siehe ebenso Wießner, "Neidhart und das Bauernturnier," S. 195.

39. Wießner, "Neidhart und das Bauernturnier," S. 194ff.

40. S. Arpad Stephan Andreànszky, *Topos und Funktion. Probleme der literarischen Transformation in Heinrich Wittenwilers "Ring"* (Bonn, 1977), S. 106, 105.

41. V. 1161ff. Diese beiden Vergleiche mag man als Beispiel dafür ansehen, daß das Prinzip der Wiederholung, Variation und Steigerung, das Schlaffke für die gesamte Komposition des *Ring* nachweist, sogar auf kleine Einheiten im Text zutrifft.

42. Vgl. George Fenwick Jones, Übs., *Wittenwiler's "Ring" and the Anonymous Scots Poem "Colkelbie Sow,"* University of North Carolina Studies in the Germanic Languages and Literatures, 18 (Chapel Hill, 1956), S. 165: "Likewise, spurs were a symbol of knighthood and therefore unfitting for the peasant Bertschi. . . ."

43. S. Wießner, *Kommentar*, S. 59 (zu v. 1067).

44. Vgl. Wießner, *Kommentar*, S. 55 (zu v. 945).

45. S. Funke, S. 58. Funke erwähnt dort spätere Stellen, an denen List gelehrt wird.

46. S. Babendreier, S. 166f. Im letzten Satz ist Josef Klein zitiert, den Babendreier auf S. 167 anführt.

47. Babendreier, S. 245; Reinhard Wittmann, "Heinrich Wittenwilers *Ring* und die Philosophie Wilhelms von Ockham," *DVjs*, 48 (1974), 74; Nanninga, besonders S. 200ff.

48. Vgl. Schlaffke, S. 29; Wießner, *Kommentar*, S. 89 (zu v. 1999f.).

49. Vgl. etwa v. 1486f.

50. S. Babendreier, S. 246, 248.

51. Vgl. Sowinski, S. 38f.

52. Das weist Schlaffke auf S. 42ff. und S. 46ff. nach.

53. Schlaffke, S. 46.

54. Wießner, *Kommentar*, S. 19 (zu v. 102).

55. Wießner weist auf diesen Spruch als Vorbild für die Zeile hin. S. *Kommentar*, S. 74 (zu v. 1559). Bruno Boesch dagegen sieht hier "eine äußerst kühne Paraphrase der verschlossenen Hostie im närrischen Mund, in einer doch sehr weltlichen Minnesituation" und meint: "Die Gefahr, daß auch der übernommene Gehalt negativ tangiert wird, wird hier deutlich genug." S. Bruno Boesch, "Zum Stilproblem in Heinrich Wittenwilers *Ring*," *Festschrift Henzen* (Bern, 1965), S. 69. Es liegt aber näher, hier an den Bibelspruch zu denken, da Mätzli, wie man sieht, mit der *mulier stulta* verglichen werden kann.

Anmerkungen 97

56. Wießner, *Kommentar*, S. 105 (zu v. 2487ff.).
57. Schlaffke (S. 41) spricht in diesem Zusammenhang von einem "didaktischen doppelten Kursus."
58. Vgl. Andreànszky, S. 121: "Ganz krasse zeitliche Unmöglichkeiten kommen vor." Man findet dort neben Mätzlis Schwangerschaftssymptomen weitere Beispiele angeführt: Lekdenspiss und Haintzo, die von Neidhart im Beichtschwank auf Reisen geschickt werden, damit sie ihre Absolution erhalten, legen diese Reisen unmöglich schnell zurück. Ebenso unrealistisch schnell versammeln sich, wie Andreànszky erwähnt, die Vertreter der Hauptstädte Europas zur Beratung. Vgl. auch Schlaffke, S. 116ff.
59. Wolfgang Pfeiffer-Belli, *Mönche und Ritter, Bürger und Bauern im deutschen Epos des Spätmittelalters* (Frankfurt, 1934), S. 59.
60. Schlaffke, S. 34.
61. Belitz, S. 250.
62. Lehmann, S. 4.
63. Belitz, S. 152; Bernward Plate, "Narren- und Ständesatire in Heinrich Wittenwilers *Ring*," DVjs 48 (1974), 58.
64. Die aus dieser Diskrepanz für die Narrenbauern entstehenden Schwierigkeiten beschreibt Wittmann (S. 87) mit Hilfe von Begriffen der Ockhamschen Philosophie als "die Konfrontation einer ins Närrisch-Wahnhafte verzerrten anima rationalis, die sich nach kodifizierten Regeln ohne empirische Gültigkeit richtet und dabei unfähig ist, sich durch aktuale prudentia im konkreten Einzelfall zu bewähren, mit der realen Welt."
65. Bismark, S. 57, 63. Vgl. auch Plate, "Narren- und Ständesatire," S. 47ff.
66. S. Bismark, S. 109ff.

Kapitel III

1. Zur Rolle des Erzählers in der Darstellung der Ehedebatte s. auch Babendreier, S. 48ff.
2. Mittler, S. 34-45. Babendreier dagegen schreibt (S. 15): "Der äußere Vorgang entspricht weniger einer mittelalterlichen Gerichtssitzung als vielmehr dem Musterfall der zur Beratung zusammengekommenen und zur Entschlußfassung aufgeforderten Volksversammlung. . . ." Bei seiner Besprechung der Ehedebatte bezieht sich Babendreier aber auch wiederholt auf den Gerichtsprozeß (vgl. S. 16: Bertschi = Prozeßleiter bzw. Richter, S. 51: Stehenbleiben als Verstoß gegen die Prozeßordnung).
3. Vgl. hierzu etwa Curtius, S. 75 und 161f.
4. Gaier (S. 153) analysiert diese *ratiocinatio* nach ihren Bestandteilen. Weitere Beispiele führt Mittler auf (S. 37-45).
5. Mittler, S. 35.
6. Vgl. Mittler, S. 34.
7. Mittler, S. 44.
8. Gertraud Wehowsky, *Schmuckformen und Formbruch in der deutschen Reim-*

paardichtung des Mittelalters (Diss. Breslau, 1936), S. 121, zitiert bei Mittler, S. 44. Zu Nabelreibers Rüge vgl. auch Babendreier, S. 52ff. Babendreier meint (S. 59), die Kritik an der Reimform sei "auf den Anspruch Wittenwilers zurückzuführen, Form und Aussehen der als Bezugs- und Vergleichspunkt genommenen außerliterarischen Disputatio bis ins einzelne realitätsgetreu abzubilden."

9. Bei meiner Argumentation ist es nicht ausschlaggebend, ob man bei der Übersetzung von *chluog* Babendreier oder Felix Scheidweiler folgt (s. hierzu Babendreier, S. 58f.).

10. Vgl. (außer v. 3519) v. 2282: "Sam es ein engel hiet geticht." Mätzli schreibt diese Worte über Henritzes Brief in einem Zusammenhang, der eine völlige Verkehrung der Wirklichkeit darstellt. V. 5921f.: "Her Guggoch ist ein man, / Der selber lieder tichten chan." Der Grund, weshalb Guggoch hier als Liederdichter bezeichnet wird, beruht weniger auf seinen künstlerischen Fähigkeiten als darauf, daß er ein *fresser* (5920) ist und man ihn mit dieser Bemerkung, die wohl als Kompliment gelten soll, zum Singen auffordern und vom Verzehren abhalten will. V. 6147: "Ich sing dir eins vil wol geticht." So leitet Henritze einen vulgären Ausspruch ein.

11. So erklärt Ranke (S. 315f.): "Der Ausgang des Wortstreits, daß der Beschluß zuletzt für die Ehe fällt, besagt nichts für seine eigene Meinung, denn das wird durch die Handlung so gefordert; es ist auch nichts davon zu spüren, daß der Wittenweiler etwa seine Bäuerinnen die Vorzüge der Ehe mit besseren Argumenten verfechten ließe als die männliche Gegenseite ihre Schrecken. . . . für ihn halten die entgegengesetzten Meinungen einander die Waage; die Entscheidung fällt im Roman, aber nicht vom Dichter aus, der beiden Parteien Recht gibt." Weitere Literaturangaben hierzu s. Gaier, S. 151. Vgl. ebenso Schlaffke, S. 53 und 55.

12. Gaier meint, es könne Wittenweiler nicht unterstellt werden, er komme zu keinem Urteil (S. 152), und führt zum Beweis verschiedene Gründe an, darunter den Sieg Laichdenmans über Colman (S. 153).

13. Babendreier, der in Colmans und Laichdenmans Reden Mittel der rhetorischen Tradition nachweist, erkennt eine "fingierte concessio" in Colmans Eingeständnis, das "vor allem der Sympathiewerbung" (S. 36) diene.

14. Daß der Erzähler hier nicht selbst ironisch ist, kann man deswegen annehmen, weil auch er dem Alter immer wieder Klugheit und Weisheit zuschreibt. Außerdem bezeichnet er später in völlig ernstem Zusammenhang Colman als weise (7520).

15. Auch Colman durchschaut die Lappenhauser und weiß, daß sie tun werden, was sie wollen, ohne auf irgendwelchen entgegengesetzten Rat zu hören. Das zeigt sich, als er später gar nicht erst versucht, die völlig Kriegstollen von ihrem Unterfangen abzuhalten und ihnen nur resigniert praktische Ratschläge gibt, da sie nun schon einmal streiten wollen.

16. Wießner, *Kommentar*, S. 131 (zu v. 3291ff.).

17. Gaier, S. 156, 159. Gaier weist hier auf "die Ironie des Dichterjuristen" hin, kehrt aber trotz dieser Ironie "eine klar entschiedene Stellung zugunsten der Frau und damit der Ehe" als Ergebnis dieses Debattierens hervor.

18. Wie unterschiedlich die Männer gezeichnet sind, hebt zum erstenmal Gaier (S. 114ff.) hervor.

19. Mätzlis Raffinesse zeigt sich auch in der Weise, wie sie es fertigbringt, zum Arzt zu gelangen und dort den Inhalt von Bertschis Brief zu erfahren. —Im Gegensatz zur vorliegenden Darstellung argumentiert Rainer Helfenbein, daß Mätzli "als Vertreterin des Schwanktyps der erotisch naiven Jungfrau aufzufassen ist und daß ihr als die Verkörperung eines Schwanktyps keine einmaligen Charaktereigenschaften oder besondere moralische Qualitäten in individualisierender bzw. psychologisierender Interpretation unterstellt werden dürfen." Rainer Helfenbein, *Zur Auffassung der Ehe in Heinrich Wittenwilers "Ring,"* (Diss. Bochum, 1976), S. 82.

20. Vgl. Wießner, *Kommentar*, S. 184 (zu v. 5082): "*Sak* ist ein sackförmiges Netz beim Fuchsfang." Einen Vergleich mit einem Fuchs als Hinweis auf Schläue gibt es auch für Bertschi. Vgl. v. 5207ff.

21. Man beachte, daß bereits Mätzlis Name nicht nur für das Individuum, sondern ebenso, wie Wießner bemerkt, für eine größere Gruppe von Frauen steht. Vgl. Wießner, *Kommentar*, S. 15 (zu v. 75): "Er bezeichnet im R. auch schon gattungsmäßig die Bauerndirne."

22. Vgl. etwa Walther 101,9ff. und 124,37f.

23. Neben Mätzli erscheinen andere Frauen des *Ring* in unvorteilhafterem Licht als ihre jeweiligen männlichen Partner oder Gegenspieler: Laichdenman keift und schreit, Colman bleibt ruhig und bewahrt ironischen Abstand von dem erhitzten Gefecht; Jütze stirbt wegen maßlosem Lachen und Husten, Chuontz ist besonnen genug, beim Turnieren eine gefährliche Situation zu erkennen und die Folgen daraus zu ziehen; während Hächel abstoßend ist, erweckt der Erzähler die Sympathie des Lesers gegenüber Laurin durch die Anspielung auf die Rolle Davids (v. 8894ff.).

24. Wittenweiler steht mit dieser negativen Auffassung in seiner Zeit nicht allein. Man vergleiche etwa Duns Scotus, bei dem die Frau als Symbol der äußeren Region des Menschen, der Region "falsitatis et vanarum phantasiarum" gilt. S. D. W. Robertson, *A Preface to Chaucer* (Princeton, 1962), S. 70ff.

25. Babendreier, S. 66.

26. Von Henritze heißt es: "Der hat der büecher vil gelesen" (3505); es zeigt sich, daß sein Wissen eben nur Buchwissen ist.

27. Vgl. Wießner, *Kommentar*, S. 142 (zu v. 3650ff.) und S. 144 (zu v. 3719f.).

28. Hubert Hoffmann, *Die geistigen Bindungen an Diesseits und Jenseits in der spätmittelalterlichen Didaktik* (Freiburg, 1969), S. 258.

29. Hoffmann, S. 256, 259.

30. S. Bismark, S. 190, 193, 189.

31. Funke, S. 82.

32. Funke, S. 85.

33. Bruno Boesch, "Bertschis Weltflucht. Zum Schluß von Wittenwilers *Ring*," *Studien zur deutschen Literatur und Sprache des Mittelalters. Festschrift Moser* (Berlin, 1974), S. 234.

34. Aus dem Traktat "Von einem christlichen Leben," zitiert bei Mittler, S. 26.

35. Wittmann, S. 83.
36. Schlaffke, S. 73.
37. Mittler (S. 67) schreibt über die Darstellung im *Ring* im Vergleich zur Schwankvorlage: "Die ganze Eheschließung ist also durch Bezugnahmen auf die alte Muntgewalt des Vaters erweitert." Er fährt fort: "Damit wird die konservative Einstellung in der Schilderung deutlich, die sich auch darin zeigt, daß zu den Beschreibungen im Nibelungenlied mehr Entsprechungen zu finden sind als zu den späteren Darstellungen."
38. Siehe hierzu auch Helfenbein, S. 161.
39. Bei Mittler (S. 60) liest man: "Das späte Mittelalter ist gerade auf dem Gebiet des Eherechtes eine Zeit des Übergangs. Die Kirche hatte manche ihrer Anschauungen, so vor allem das Recht zur Selbstverheiratung der Brautleute, durchsetzen können. Dadurch wurden alte deutschrechtliche Formen aufgelöst oder entwertet, besonders der alte Verlobungsvertrag zwischen Muntwalt und Freier. Daneben mußte die Kirche aber auch, um Mißbräuche ihres Eherechts—besonders in der Form der clandestinen Ehe—zu verhüten, neue Forderungen stellen. Sie verlangte dazu das Aufgebot vor der Kirchengemeinde. . . . Wittenwiler steht mitten in diesen Auseinandersetzungen zweier Rechtskreise."
40. Angegeben bei Schlaffke, S. 73.
41. Sowinski (S. 54) liefert Literaturangaben zu diesem alten schweizerischen Hochzeitsbrauch.
42. Diese hier ist besonders sorgfältig aufgebaut. Vgl. Wießner, *Kommentar*, S. 191 (zu v. 5315ff.).
43. Vgl. Wießner, *Kommentar*, S. 192 (zu v. 5343ff.).
44. Vgl. Schlaffke, S. 77 (Fußn. 11).
45. Zur Tradition des Spiegelbrechens s. auch Andreànszky, S. 106f.
46. Friedrich Dedekind, *Grobianus*, verdeutscht von Kaspar Scheidt (Halle, 1882); aus dem Abschnitt "Das Buch zum Leser," v. 20.
47. *Grobianus*, S. 5.
48. Ähnlich auch kommentierende Belehrung durch Hinweise auf Dinge, die unterlassen werden. Vgl. 5561ff., 5792.
49. *Thesmophagia*, 346. Zitiert bei Wießner, *Kommentar*, S. 203 (zu v. 5664ff.).
50. Funke schreibt zur Stelle: "Die Verse enthalten eine generelle Charakteristik des Bauerntanzes. Die rote Farbe könnte darin begründet sein, daß diese Art des Tanzens für Bauern besonders typisch ist" (S. 96).
51. Funke (S. 96) zitiert zur Stelle Sowinski, der meint, Wittenweiler hebe hier "die wie in Neidharts Liedern sprichwörtliche Tanzgier der Bauernmädchen" besonders hervor.

Kapitel IV

1. Vgl. Martha Keller, *Beiträge zu Wittenweilers "Ring"* (Leipzig, Straßburg, Zürich, 1935), S. 127.

2. Mittler, S. 115ff.
3. Mittler, S. 116f.
4. Mittler, S. 118.
5. Mittler, S. 119.
6. Mittler (S. 120ff.) stellt fest, daß Laichdenmans Rede Anschauungen enthält, die durchaus in Wittenweilers Zeit verbreitet waren, und kommt zu dem Schluß: "Auch das astrologische Kapitel im 'Ring' gehört so in den Rahmen der Belehrung, der Wissensvermittlung, die hier auch auf die 'Naturwissenschaften' ausgedehnt wird" (S. 123). Das erklärt die rote Markierung der Stelle.
7. Mittler, S. 119.
8. Vgl. v. 7184.
9. Übrigens beachte man dazu in diesem Abschnitt, daß bei der Lappenhauser Ratssitzung Colman und Laichdenman wie bei der Ehedebatte das letzte Wort haben.
10. Vgl. Bismark, S. 128: "Sehr wertvoll muß für die Regierenden und ihre Ratgeber zu Wittenwilers Zeiten . . . der Traktat Johanns von Legnano 'De bello' gewesen sein. . . . Die Auszüge in Wittenwilers 'Ring' machten eine Kostbarkeit dieses Werkes aus, die freilich nur bei einem begrenzten Publikumskreis ihre volle, kundige Wertschätzung finden konnte, nämlich bei Fachleuten, in diesem Fall Politikern, Juristen und Militärs, insbesondere also auch bei den Hofbeamten."
11. Vgl. Funke (S. 114ff.), der die Verteilung der Initialenlinie an dieser Stelle anders interpretiert.
12. Funke dagegen meint (S. 111), die Stelle dürfte "in der Tat eine didaktische Funktion haben und den Abschluß des Lehrbuchkapitels 'Liebeskunst' bedeuten."
13. Vgl. Schlaffke, S. 94.
14. Mittler, S. 98.
15. Vgl. Bismark, S. 43ff.
16. Vgl. Wießner, *Kommentar*, S. 236 (zu v. 6696ff.).
17. Keller, S. 134-38.
18. Mittler, S. 119.
19. S. hierzu und zum voraufgehenden Satz Mittler, S. 153, 158.
20. Zu v. 9281 gehört v. 9280, obwohl dieser grün markiert ist. Die Rotmarkierung von v. 8586ff. ist problematisch; vgl. Funke, S. 131f.
21. Vgl. Funke, S. 127.
22. Vgl. Funke, S. 129.
23. Gaier, S. 145; vgl. S. 124-48. So sieht auch Wittmann bei Bertschi eine positive Entwicklung (vgl. S. 77ff.).
24. Man vergleiche zu den folgenden Ausführungen auch Alois Wolf, der ebenfalls gegen Gaier argumentiert, indem er Bertschis Denken und Handeln untersucht, der aber anders als ich im letzten Vers der *narratio* kein ironisches Spiel mit verschiedenen Wortbedeutungen annimmt und zu einer anderen Auslegung von Bertschis Flucht kommt. S. Alois Wolf, S. 232ff.

25. Außerdem ist es natürlich für ihn sinnlos, gerade dahin zu fliehen, wo die Nissinger auf ihrem Heimweg vorbeikommen.
26. So sieht Hoffmann Bertschis Flucht; sie sei "die Reaktion des Unbelehrbaren." Das Einsiedlertum sei eine Ausnahmestellung, die Flucht in den Schwarzwald eine extreme Handlung, die zu der in den Lehren mehrere Male betonten Lebenshaltung der *mässichait* im Widerspruch stehe (S. 228; vgl. S. 227).
27. Bruno Boesch, der die Flucht Bertschis als "parodistische Verzerrung einer Bekehrung" interpretiert, schreibt, *andacht* sei "an allen übrigen Stellen, wo es im *Ring* erscheint, ironisch verwendet" (s. Boesch, "Bertschis Weltflucht," S. 235, 232). Man betrachte aber die Verwendung des Wortes in v. 5178 oder in v. 3093, wo meiner Meinung nach keine Ironie anzunehmen ist.
28. Vgl. Edmund Wießner, *Der Wortschatz von Heinrich Wittenwilers "Ring,"* Hrsg. Bruno Boesch (München, 1970), S. 74. Vgl. auch Friedrich Zarnckes Worterklärung zu *on geuerd* in Brants *Narrenschiff*. Zarncke erkennt in Brants Verwendung des Ausdrucks in den Versen

> Es hilfft nit, ob jm schon gebryst
> Vnd er es fyndet on geuerd
> (Kapitel 20, Zeile 10f.)

"die . . . schon durchschimmernde nhd. bedeutung, deren abweichen von der mhd. allmälig die veränderung des worts in unser 'ungefähr' zur folge gehabt hat" (S. Brant, *Narrenschiff*, Hrsg. Friedrich Zarncke [Leipzig, 1854], S. 337). Den Hinweis auf Zarnckes Erklärung verdanke ich Richard Lawson.
29. "Daß der Mensch 'verdienstliche' Werke vollbringen kann, heißt für Ockham nicht, daß sich der Mensch das ewige Leben wirklich verdienen kann. . . ." Jürgen Miethke, *Ockhams Weg zur Sozialphilosophie* (Berlin, 1969), S. 344; s. auch S. 335ff.

Schluß

1. Vgl. Schlaffke, S. 112: "Daß der 'Ring' voller Ironie und mit 'leichter Wendung' endet, erscheint ebenso unwahrscheinlich wie der Interpretationsversuch Boeschs, Wittenweiler sähe in jedem Menschen, wenn auch mit Unterschieden und Graden, einen Narren, der aus der Veranlagung seiner Natur heraus grundsätzlich nicht das täte, was er seinem Wissen nach tun sollte. Wenn Wittenweiler von der Unbildbarkeit des Menschen überzeugt wäre und deshalb voll Spott auf das Unterfangen Bertschis blickte, wäre der Sinn seiner Dichtung als ein auf Belehrung und Erziehung abgestelltes Werk in Frage gestellt."
2. Wittmann betont, bei der Didaxe im *Ring* sei das konkrete *exemplum* von großer Bedeutung und verweist dabei auf Ockhams "voluntaristisch-empiristische Grundhaltung," nach der die "sicherste Quelle aller Urteile und Entscheidungen der praktischen Moral die eigene Erfahrung, die Selbstwahr-

nehmung" ist. Er erwähnt in diesem Zusammenhang Bertschis Erkenntnis vor seiner Flucht (v. 9680f.) wie auch seine Einsicht über den *ungelimph* beim Hochzeitsmahl. Vgl. Wittmann, S. 83f. Es bleibt aber festzuhalten, daß Bertschi in beiden Fällen einen falschen Schluß aus seiner Einsicht zieht.

3. Hierzu schreibt Richard Brinkmann treffend, den Menschen im *Ring* sei "die Sicht über das Ganze genommen, sie sehen nur noch teilperspektivisch, das heißt Einzelseiten und Einzelbereiche in Einseitigkeit und oft in so distanzloser Nähe, daß im Vordergrund stehende Dinge in unwirklicher, überblendeter Vergrößerung erscheinen." Er erläutert weiter: "Die teilperspektivische Sicht des zufällig in den Blick Kommenden bewirkt auch jene sprunghaften, vom momentanen Eindruck bestimmten Gefühlsausbrüche, die nicht mehr durch ein Begreifen anderer Seiten und weiterer Zusammenhänge, das heißt echt 'perspektivisch' eingeordnet und gemäßigt werden." S. Brinkmann, "Zur Deutung von Wittenwilers *Ring*," *DVjs*, 30 (1956), 215f.

4. Von einer "Aktivierung des Lesers" spricht Nanninga (S. 203). Die zitierten Stellen von Hermann Siebeck sind bei Babendreier in bezug auf Rüerenmosts Rede v. 3555ff. angeführt (s. S. 255f.).

5. Vgl. hierzu die von Babendreier bei seiner Besprechung des Prologs (S. 229) zitierte Stelle in Conrads von Hirsau *Dialogus super auctores*: "porro fructus finalis in correctione morum legentis est; . . . breuiter igitur in omnibus auctoribus esse finalem fructum istum intellige: si legentem auersione uitiorum et appetitu ex ipsa lectione uirtutem constiterit proficere."

Literaturverzeichnis

Textausgaben

Der Bauernhochzeitsschwank. Meier Betz und Metzen hochzit. Hrsg. Edmund Wießner. Altdeutsche Textbibliothek, Nr. 48. Tübingen, 1956.

Brant, Sebastian. *Narrenschiff.* Hrsg. Friedrich Zarncke. Leipzig, 1854.

Dedekind, Friedrich. *Grobianus.* Verdeutscht von Kaspar Scheidt. Neudrucke deutscher Literaturwerke des XVI. und XVII. Jahrhunderts, Nr. 34/35. Halle, 1882.

Eyb, Albrecht von. *Das Ehebüchlein.* Hrsg. Max Herrmann. Schriften zur germanischen Philologie, Heft 4, Bd. 1. Berlin, 1908.

Fischer, Hanns, Hrsg. *Eine Schweizer Kleinepiksammlung aus dem 15. Jahrhundert.* Altdeutsche Textbibliothek, Nr. 65. Tübingen, 1965.

Gottfried von Straßburg. *Tristan.* Einleitung des Übersetzers A. T. Hatto. Baltimore, 1960.

Hugo von Trimberg. *Der Renner.* Hrsg. Gustav Ehrismann. Tübingen, 1908.

Kunrat von Ammenhausen. *Das Schachzabelbuch.* Hrsg. Ferdinand Vetter. Bibliothek älterer Schriftwerke der deutschen Schweiz. Hrsg. Jakob Baechtold und Ferdinand Vetter. Serie 1. Ergänzungsband. Frauenfeld, 1892.

Die Lieder Neidharts. Hrsg. Edmund Wießner, rev. von Hanns Fischer. Altdeutsche Textbibliothek, Nr. 44. Tübingen, 1963.

Des Teufels Netz. Hrsg. K. A. Barack. Bibliothek des literarischen Vereins in Stuttgart, Bd. 70. Stuttgart, 1863.

Ulrich Boner. *Der Edelstein.* Hrsg. Franz Pfeiffer. Leipzig, 1844.

Wittenwiler, Heinrich. *Der Ring.* Hrsg. Edmund Wießner. Deutsche Literatur. Sammlung literarischer Kunst- und Kulturdenkmäler in Entwicklungsreihen. Reihe Realistik des Spätmittelalters, Bd. 3. Leipzig, 1931; Darmstadt, 1964.

_____. *Wittenwiler's "Ring" and the Anonymous Scots Poem "Colkelbie Sow": Two Comic-Didactic Works from the Fifteenth Century.* Übers. George Fenwick Jones. University of North Carolina Studies in the Germanic Languages and Literatures, Bd. 18. Chapel Hill, 1956.

Wolfram von Eschenbach. *Parzival.* Hrsg. Albert Leitzmann und Wilhelm Deinert. Altdeutsche Textbibliothek, Nr. 12. Tübingen, 1961.

Forschungsliteratur

Andreànszky, Arpad Stephan. *Topos und Funktion. Probleme der literarischen Transformation in Heinrich Wittenwilers "Ring."* Studien zur Germanistik, Anglistik und Komparatistik, Bd. 66. Bonn, 1977.

Babendreier, Jürgen. *Studien zur Erzählweise in Heinrich Wittenwilers "Ring."* Diss. Kiel, 1973.

Belitz, Jürgen. *Studien zur Parodie in Heinrich Wittenwilers "Ring."* Göppinger Arbeiten zur Germanistik, Nr. 254. Göppingen, 1978.

Birkhan, Helmut. *Das Historische im "Ring" des Heinrich Wittenweiler.* Sitzungsberichte der österreichischen Akademie der Wissenschaften, philosophisch-historische Klasse, Bd. 287, 2. Abh. Wien, 1973.

Bismark, Jörg. *Adlige Lebensformen in Wittenwilers "Ring."* Augsburg, 1976.

Boesch, Bruno. "Bertschis Weltflucht. Zum Schluß von Wittenwilers *Ring.*" In *Studien zur deutschen Literatur und Sprache des Mittelalters. Festschrift für Hugo Moser.* Berlin, 1974, S. 228-37.

―――. *Die Kunstanschauung in der mittelhochdeutschen Dichtung.* Bern und Leipzig, 1936.

―――. "Zum Stilproblem in Heinrich Wittenwilers *Ring.*" In *Festschrift für Walter Henzen.* Bern, 1965, S. 63-79.

Booth, Wayne C. *The Rhetoric of Fiction.* Chicago, 1961.

Brietzmann, Franz. *Die böse Frau in der deutschen Literatur des Mittelalters.* Palaestra, Bd. 42. Berlin, 1912.

Brill, Richard. *Die Schule Neidharts. Eine Stiluntersuchung.* Palaestra, Bd. 37. Berlin, 1908.

Brinkmann, Hennig. "Der Prolog im Mittelalter als literarische Erscheinung. Bau und Aussage." *Wirkendes Wort,* 14 (1964), 1-21.

―――. *Zu Wesen und Form mittelalterlicher Dichtung.* Halle, 1928.

Brinkmann, Richard. "Zur Deutung von Wittenwilers *Ring.*" *DVjs,* 30 (1956), 201-31.

Clifton-Everest, John Michael. *Some Aspects of Didacticism in Wittenweiler's "Ring."* Diss. London, 1970.

―――. "Wittenwiler's Marriage Debate." *MLN,* 90 (1975), 629-42.

Cross, Christa Maria. *Heinrich Wittenweilers "Ring." Erzähler und Leser.* Diss. University of California, Los Angeles, 1972.

Curtius, Ernst Robert. *Europäische Literatur und lateinisches Mittelalter.* Bern, 1948.

Ehrentreich, Swantje. *Erzählhaltung und Erzählerrolle Hartmanns von Aue und Thomas Manns. Dargestellt an ihren beiden Gregoriusdichtungen.* Diss. Frankfurt, 1963.

Ehrismann, Gustav. *Geschichte der deutschen Literatur bis zum Ausgang des Mittelalters.* 2. Teil, 2. Abschnitt, 2. Hälfte. München, 1935.

Ertzdorff, Xenja von. "Spiel der Interpretation: Der Erzähler in Hartmanns *Iwein.*" In *Festgabe für Friedrich Maurer.* Düsseldorf, 1968, S. 135-57.

Fechter, Werner. *Das Publikum der mittelhochdeutschen Dichtung.* Deutsche Forschungen, Bd. 28. Frankfurt, 1935; Darmstadt, 1966.

Fehrenbach, Charles Gervase. *Marriage in Wittenwiler's "Ring."* The Catholic University of America Studies in German, Bd. 15. Washington, D.C., 1941.

Frey Adolf. *Schweizer Dichter.* Leipzig, 1919.

Friedemann, Käte. *Die Rolle des Erzählers in der Epik.* Untersuchungen zur neueren Sprach- und Literaturgeschichte, Neue Folge, Heft 7. Berlin, 1910; Darmstadt, 1965.

Friedman, Norman. "Point of View in Fiction: The Development of a Critical Concept." *PMLA,* 70 (1955), 1160-84.

Friedrich, Walter. *Die Wurzeln der Komik in Wittenwilers "Ring."* Diss. München, 1942.

Funke, Helmut. *Die graphischen Hinweise Heinrich Wittenwilers für das Verständnis seiner Dichtung "Der Ring."* Diss. Münster [Westf.], 1973.

Gaier, Ulrich. *Satire. Studien zu Neidhart, Wittenwiler, Brant und zur satirischen Schreibart.* Tübingen, 1967.

―――――. "Das Verhältnis von Geistigkeit und Vitalität in Wittenwilers *Ring.*" *DVjs,* 41 (1967), 204-13.

Glier, Ingeborg. *Artes amandi.* München, 1971.

Greyerz, Otto von. "Schweizerische Dichtung." In *Reallexikon der deutschen Literaturgeschichte.* Hrsg. Paul Merker und Wolfgang Stammler. Bd. 3. Berlin, 1928-29, S. 215, 232.

Gusinde, Konrad. *Neidhart mit dem Veilchen.* Germanistische Abhandlungen, Bd. 17. Breslau, 1899.

Halbach, Kurt Herbert. "Epik des Mittelalters." In *Deutsche Philologie im Aufriß.* Hrsg. Wolfgang Stammler. Bd. 2. Berlin, 1960, S. 397-684.

Hamburger, Käte. *Die Logik der Dichtung.* Stuttgart, 1968.

Harvey, Ruth. *Moriz von Craûn and the Chivalric World.* Oxford, 1961.

Helfenbein, Rainer. *Zur Auffassung der Ehe in Heinrich Wittenwilers "Ring."* Diss. Bochum, 1976.

Hoffmann, Hubert. *Die geistigen Bindungen an Diesseits und Jenseits in der spätmittelalterlichen Didaktik: Vergleichende Untersuchungen zu Gesellschaft, Sittlichkeit und Glauben im "Schachzabelbuch," im "Ring" und in "Des Teufels Netz."* Forschungen zur oberrheinischen Landesgeschichte, Bd. 22. Freiburg, 1969.

Hügli, Hilde. *Der deutsche Bauer im Mittelalter, dargestellt nach den deutschen literarischen Quellen vom 11.-15. Jahrhundert.* Sprache und Dichtung, Heft 42. Bern, 1929.

Huizinga, Johan. *Herbst des Mittelalters.* Übers. T. Wolff-Mönckeberg, rev. von Kurt Köster. Stuttgart, 1965.

―――――. *Homo ludens. Versuch einer Bestimmung des Spielelementes der Kultur.* Übers. H. Nachod. Köln, [1949].

Jones, George Fenwick. *Realism and Social Satire in Wittenwiler's "Ring."* Diss. Columbia University. Ann Arbor, 1950.

———. "The Tournaments of Tottenham and Lappenhausen." *PMLA*, 66 (1951), 1123-40.
Jürgens-Lochthove, Kristina. *Heinrich Wittenwilers "Ring" im Kontext hochhöfischer Epik*. Göppinger Arbeiten zur Germanistik, Nr. 296. Göppingen, 1980.
Jungbluth, Günther. "Heinrich Wittenwiler." *Die deutsche Literatur des Mittelalters: Verfasserlexikon*. Bd. 4. Hrsg. Karl Langosch. Berlin, 1953, S. 1037-41.
Kayser, Wolfgang. "Die Anfänge des modernen Romans im 18. Jahrhundert." *DVjs*, 28 (1954), 417-46.
———. *Entstehung und Krise des modernen Romans*. Stuttgart, 1963.
———. *Das Groteske: Seine Gestaltung in Malerei und Dichtung*. Oldenburg, 1957.
———. *Das sprachliche Kunstwerk: Eine Einführung in die Literaturwissenschaft*. Bern, 1960.
Keller, Martha. *Beiträge zu Wittenweilers "Ring."* Diss. Zürich. Leipzig, Straßburg, Zürich, 1935.
Knühl, Birgit. *Die Komik in Heinrich Wittenwilers "Ring" im Vergleich zu den Fastnachtspielen des 15. Jahrhunderts*. Göppinger Arbeiten zur Germanistik, Nr. 332. Göppingen, 1981.
Kobbe, Peter. "Funktion und Gestalt des Prologs in der mittelhochdeutschen nachklassischen Epik des 13. Jahrhunderts." *DVjs*, 43 (1969), 405-57.
Kraft, Walter C. *The Phonology of Wittenwiler's "Ring."* Diss. University of California, Berkeley, 1951.
Lämmert, Eberhard. *Bauformen des Erzählens*. Stuttgart, 1968.
Lausberg, Heinrich. *Handbuch der literarischen Rhetorik. Eine Grundlegung der Literaturwissenschaft*. Bd. 1 und 2. München, 1960.
Lazarowicz, Klaus. *Verkehrte Welt: Vorstudien zu einer Geschichte der deutschen Satire*. Hermaea. Germanistische Forschungen, Bd. 15. Tübingen, 1963.
Lehmann, Paul. *Die Parodie im Mittelalter*. Stuttgart, 1963.
Lexer, Matthias. *Mittelhochdeutsches Handwörterbuch*. Leipzig, 1872-78.
Linke, Hansjürgen. "Über den Erzähler im *Nibelungenlied* und seine künstlerische Funktion." *GRM*, 41 (1960), 370-85.
Martini, Fritz. "Heinrich Wittenwilers *Ring*." *DVjs*, 20 (1942), 200-35.
Mayser, Eugen. "Briefe im mittelhochdeutschen Epos." *ZfdPh*, 59 (1934-35), 136-47.
Mecke, Günter. *Zwischenrede, Erzählfigur und Erzählhaltung in Hartmanns von Aue "Erec." Studien über die Dichter-Publikums-Beziehung in der Epik*. Diss. München, 1965.
Miethke, Jürgen. *Ockhams Weg zur Sozialphilosophie*. Berlin, 1969.
Mittler, Elmar. *Das Recht in Heinrich Wittenwilers "Ring."* Forschungen zur oberrheinischen Landesgeschichte, Bd. 20. Freiburg, 1967.
Mueller, Rolf R. *Festival and Fiction in Heinrich Wittenwiler's "Ring." A Study of the Narrative in Its Relation to the Traditional Topoi of Marriage, Folly, and*

Play. German Language and Literature Monographs, Bd. 3. Amsterdam, 1977.
Nadler, Josef. "Wittenweiler?" *Euphorion*, 27 (1926), 172-84.
Nanninga, Jutta. *Realismus in mittelalterlicher Literatur. Untersucht an ausgewählten Großformen spätmittelalterlicher Epik*. Heidelberg, 1980.
Naumann, Bernd. *Dichter und Publikum in deutscher und lateinischer Bibelepik des frühen 12. Jahrhunderts: Untersuchungen zu frühmittelhochdeutschen und mittellateinischen Dichtungen über die kleineren Bücher des Alten Testaments*. Erlanger Beiträge zur Sprach- und Kunstwissenschaft, Bd. 30. Nürnberg, 1968.
Nicolson, Marjorie Hope. *The Breaking of the Circle: Studies in the Effect of the "New Science" upon Seventeenth-Century Poetry*. New York, 1960.
Pfeiffer-Belli, Wolfgang. *Mönche und Ritter, Bürger und Bauern im deutschen Epos des Spätmittelalters*. Frankfurt, 1934.
Plate, Bernward. *Heinrich Wittenwiler*. Darmstadt, 1977.
_____. "Narren- und Ständesatire in Heinrich Wittenwilers *Ring*." *DVjs*, 48 (1974), 47-71.
Ranke, Friedrich. "Zum Formwillen und Lebensgefühl in der deutschen Dichtung des späten Mittelalters." *DVjs*, 18 (1940), 307-27.
Rehm, Walther. "Kulturverfall und spätmittelhochdeutsche Didaktik." *ZfdPh*, 52 (1927), 289-330.
Robertson, D. W. *A Preface to Chaucer*. Princeton, 1962.
Rosenfeld, Hellmut. "Die Literatur des ausgehenden Mittelalters in soziologischer Sicht." *Wirkendes Wort*, 5 (1954), 330-43.
Schlaffke, Winfried. *Heinrich Wittenweilers "Ring." Komposition und Gehalt*. Berlin, 1969.
Scholes, Robert und Robert Kellogg. *The Nature of Narrative*. Oxford, 1966.
Schultz, Alwin. *Deutsches Leben im XIV. und XV. Jahrhundert*. Wien, 1892.
Seibt, Ursula. *Das Negative als didaktisches Mittel in Heinrich Wittenwilers "Ring."* Diss. Bochum, 1974.
Simon, Eckehard. *Neidhart von Reuental*. Cambridge, Mass., 1968.
Sowinski, Bernhard. Schlaffke-Rezension. *AfdA*, 83 (1972), 27-29.
_____. *Der Sinn des "Realismus" in Heinrich Wittenwilers "Ring."* Diss. Köln, 1960.
Stammler, Wolfgang. "Die 'bürgerliche' Dichtung des Spätmittelalters." *ZfdPh*, 53 (1928), 1-24.
Stanzel, Franz K. *Typische Formen des Romans*. Göttingen, 1965.
Wessels, P. B. "Wittenwilers *Ring* als Groteske." *Wirkendes Wort*, 10 (1960), 204-14.
Wießner, Edmund. "Das Gedicht von der Bauernhochzeit und Heinrich Wittenwilers *Ring*." *ZfdA*, 50 (1908), 225-79.
_____. *Kommentar zu Heinrich Wittenwilers "Ring."* Deutsche Literatur. Sammlung literarischer Kunst- und Kulturdenkmäler in Entwicklungsreihen. Reihe Realistik des Spätmittelalters, Bd. 3: Kommentar. Leipzig, 1936; Darmstadt, 1964.

———. "Neidhart und das Bauernturnier in Heinrich Wittenwilers *Ring.*" In *Festschrift für Max H. Jellinek*. Wien, 1928, S. 191-208.
———. "Urkundliche Zeugnisse über Heinrich Wittenwiler." In *Festschrift für Samuel Singer*. Tübingen, 1930, S. 98-114.
———. *Der Wortschatz von Heinrich Wittenwilers "Ring."* Aus dem Nachlaß herausgegeben von Bruno Boesch. München, 1970.
Wittmann, Reinhard. "Heinrich Wittenwilers *Ring* und die Philosophie Wilhelms von Ockham." *DVjs*, 48 (1974), 72-92.
Wolf, Alois. "Überlegungen zu Wittenwilers *Ring*." In *Festschrift für Gerhard Cordes*, Hrsg. Friedhelm Debus und Joachim Hartig, Bd. 1: Literaturwissenschaft und Textedition. Neumünster, 1973, S. 208-48.

Personenregister

Andreànszky, Arpad Stephan, 31, 96, 97, 100

Babendreier, Jürgen, 6, 33, 34, 47–48, 87–89, 91, 96–99, 103
Belitz, Jürgen, 5–6, 38, 88, 89, 92, 97
Bismark, Jörg, 3, 39, 52, 87, 88, 91, 97, 99, 101
Boesch, Bruno, 54, 89, 96, 99, 102
Brant, Sebastian, 102
Brietzmann, Franz, 95
Brill, Richard, 93
Brinkmann, Hennig, 88
Brinkmann, Richard, 103

Conrad von Hirsau, 5, 103
Cross, Christa, 88, 92
Curtius, Ernst Robert, 88, 97

Dedekind, Friedrich, 100
Duns Scotus, 99

Ehrismann, Gustav, 94
Eyb, Albrecht von, 47

Fechter, Werner, 90, 91
Friedemann, Käte, 87
Funke, Helmut, 53, 90, 93, 95, 96, 99–101

Gaier, Ulrich, 8–9, 30, 44, 79, 89, 92, 94, 96–99, 101
Gottfried von Straßburg, 95
Greyerz, Otto von, 94

Hamburger, Käte, 87
Hatto, A. T., 95
Helfenbein, Rainer, 99, 100
Hermann von Sachsenheim, 94
Hoffmann, Hubert, 51, 99, 102
Huizinga, Johan, 16, 92

Johannes von Garlandia, 5
Jones George Fenwick, 96

Kayser, Wolfgang, 3, 87, 88, 93

Keller, Martha, 74, 100, 101
Klein, Josef, 33
Konrad von Ammenhausen, 6–7, 51, 89, 92

Labhart, Verena, 10, 90
Lämmert, Eberhard, 87, 88
Lausberg, Heinrich, 16, 90, 92, 93
Lehmann, Paul, 38, 93, 97
Lexer, Matthias, 89, 90

Mecke, Günter, 87
Miethke, Jürgen, 102
Mittler, Elmar, 41, 42, 56, 65, 71, 75, 76, 89–91, 94, 95, 97–101

Nanninga, Jutta, 33, 88, 95, 96, 103
Neidhart von Reuental, 13, 14, 17–18, 57, 93, 94

Ockham, Wilhelm von, 33–34, 83, 102

Pfeiffer-Belli, Wolfgang, 38, 97
Plate, Bernward, 38, 87, 97

Ranke, Friedrich, 91, 98
Robertson, D. W., 99
Rudolf von Ems, 90

Sachs, Hans, 17, 93
Scheidt, Kaspar, 58, 100
Scheidweiler, Felix, 98
Schlaffke, Winfried, 5, 38, 55, 69, 88, 89, 91–94, 96–98, 100–102
Schultz, Alwin, 31, 96
Siebeck, Hermann, 86, 103
Simon, Eckehard, 94
Sowinski, Bernhard, 26, 89, 95, 96, 100
Stanzel, Franz, 3, 87

Ulrich Boner, 6, 9, 90

Walther von der Vogelweide, 99
Wehowsky, Gertraud, 42, 97–98
Wießner, Edmund, 3, 6, 8, 9, 11, 21, 30, 31, 36, 56, 87–102
Windecke, Eberhart, 6
Wittmann, Reinhard, 33, 54, 96, 97, 100–103
Wolf, Alois, 89, 101
Wolfram von Eschenbach, 6, 14, 91

Zarncke, Friedrich, 102

www.ingramcontent.com/pod-product-compliance
Lightning Source LLC
Chambersburg PA
CBHW031320150426
43191CB00005B/270